Los cuadernos de ejercicios ASSIMIL®

Inglés

Falsos principiantes

I0805448

Hélène Bauchart

Adaptado al español por Belén Cabal

Sobre este cuaderno

A lo largo de los diferentes capítulos de este cuaderno, las lecciones y ejercicios se han dividido en tres secciones independientes, a las cuales se les ha atribuido un color diferente (amarillo para la gramática, verde para el vocabulario y rosa para la pronunciación.

En los ejercicios de pronunciación, los sonidos aparecerán entre corchetes. Para una mayor simplicidad, no se representan con el alfabeto fonético internacional, sino con la ayuda de una transcripción literal basada en la sonoridad española más cercana a los sonidos del inglés. Por ejemplo, la palabra **why** se transcribirá como **[wai]**.

En los capítulos 17 a 20, podrás comprobar tu «feeling» y aprender reglas sobre un fenómeno poco estudiado pero primordial al hablar: la acentuación de las palabras.

Por último, este cuaderno te permitirá hacer tu propia evaluación: después de cada ejercicio, dibuja tus iconos: 🙂 para la mayoría de repuestas correctas, 😐 para aproximadamente la mitad y 🙁 para menos de la mitad. Al final de cada capítulo, apunta el número de iconos conseguidos en los ejercicios y, al final del libro, súmalos y apunta los iconos en la tabla que hemos preparado para este propósito.

Índice

1. Present 3-8
2. Present perfect 9-13
3. Past simple 14-19
4. Future 20-25
5. Verbos modales 26-31
6. Verbos: ¿to, ing o ø? 32-37
7. Imperativo, elipsis y *question tags* 38-43
8. Sustantivos 44-49
9. Artículos 50-55
10. Cuantificadores 56-61
11. Comparativo y superlativo 62-67
12. Pronombres personales y reflexivos 68-73
13. Expresión de la posesión y de los nombres compuestos 74-79
14. Pronombres relativos e interrogativos 80-85
15. Prefijos y sufijos 86-91
16. Adjetivos 92-97
17. Adverbios 98-103
18. Preposiciones 104-109
19. Verbos con partícula (phrasal verbs) 110-115
20. Voz pasiva 116-121

Soluciones 122-127

Resultados de tu autoevaluación 128

1
Present

Las dos formas del presente

En inglés, se puede expresar el presente de dos formas diferentes, cuya construcción y funciones difieren según el tipo de acción.

Presente simple

- Formación: base verbal en todas las personas (ej.: I play, you play, etc.), salvo en la 3.ª del singular, que toma la desinencia **s** o **es** (ej.: she/he plays / she/he washes)
- Usos:
  – verdad general (ej.: the sun rises in the East)
  – costumbre (ej.: I go to the cinema on Saturdays)
  – característica que dura (ej.: she lives in China)
  – voluntad (ej.: I want an apple)
  – acontecimiento futuro previsto por el empleo del tiempo (ej.: the train leaves at 8)

Present con Be + ing

- Formación: **To be** (conjugado en la persona correcta) + base verbal + **ing**
- Usos:
  – acción en desarrollo (ej.: be quiet, the baby is sleeping!)
  – acción temporal (ej.: he is living with his brother ➜ en este momento)
  – característica temporal (ej.: I'm studying to become an engineer)
  – juicio negativo (ej.: you are always complaining!)
  – insistencia en negarse (ej.: I am not coming with you!)
  – acción futura, si ya se ha tomado la decisión (ej.: I am going to the gym next week)

I Marca la respuesta correcta

1. Look Daddy, it ... !
a. snowing **b.** snows
c. 's snowing **d.** snow

2. The Earth ... around the Sun.
a. is revolving **b.** revolve
c. revolves **d.** revolving

3. I ... to the swimming pool every Saturday.
a. 'm going **b.** go
c. going **d.** I'm gone

4. His wife ... in advertising.
a. 's working **b.** work
c. works **d.** has working

5. I ... , I ... tonight.
   a. don't drink/drive
   b. 'm not drinking/'m driving
   c. don't drink/'m driving
   d. don't drink/drive

6. I ... next week, I'm on holiday.
   a. 'm not working **b.** 'm not work
   c. don't work **d.** work not

7. **Just for fun:** «Hey, this man ... ! Don't people usually ... ?» (Homer Simpson)
   a. doesn't breathe/breathe
   b. isn't breathing/breathe
   c. breathes/breathing

2 Conjuga los verbos entre paréntesis utilizando el presente simple o el presente con Be + ing

1. You .... **(always - smoke)** in the house!
   You .... **(know)** I .... **(hate)** that!
2. Hurry up! The film .... **(begin)** at 9:30.
3. I usually .... **(go)** shopping twice a week.
4. Do not ask again! I .... **(not - give)** you any money!
5. Stop it John! You .... **(be)** silly!

Casos particulares

El uso del presente con **Be + ing** es incompatible con: los verbos de aspecto **(seem, look, appear...)**, los verbos de posesión **(have, possess, own...)**, los verbos de percepción **(see, hear, feel...)**, los verbos de razonamiento **(understand, believe, think, doubt...)**, los verbos de apreciación y voluntad **(like, love, hope, hate, regret, need, want)**, y otros **(swear, wish, promise, deny, confess, forgive, apologize)**.

A tener en cuenta: el verbo **to think** tiene dos construcciones. En presente simple, **to think** expresa una opinión. En presente con **Be + ing, to think about** expresa la idea de reflexión.

3 Ordena los elementos y conjuga los verbos utilizando el presente simple o el presente con Be + ing

Ej.: on/football/Sundays/he/(play) → He plays football on Sundays.

1. about/you/what/**(think)**? → ....
2. he/mother/his/**(look like)** → ....

3. the/to/doctor's/to/I/go/**(need)** ➜ ....

4. what/this/book/you/of/**(think)**? ➜ ....

5. neighbours/a/car/new/the/**(have)** ➜ ....

La desinencia s/es

La desinencia **s** o **es** en presente simple puede suscitar modificaciones ortográficas:

- en los verbos que terminan por **y**, si la y está precedida por una consonante, se transforma en **ies** (ej.: try ➜ tries). Si la **y** está precedida por una vocal, no se modifica (ej.: play ➜ plays).
- en los verbos que terminan en **ch, sh, o, s, x, z**, se añade la desinencia **es** y no **s** (ej.: watch ➜ watches / go ➜ goes).

4 Conjuga los verbos siguientes en presente simple, en la 3.ª persona del singular

1. worry ➜ ....
2. punish ➜ ....
3. finish ➜ ....
4. dress ➜ ....
5. destroy ➜ ....
6. buy ➜ ....

La desinencia ing

Añadir la desinencia **ing** en el presente con **Be + ing** puede entrañar modificaciones ortográficas:

- en los verbos que terminan en **ie**, la **ie** se transforma en **y** (ej.: lie ➜ lying).
- en los verbos que terminan en **e**, esta desaparece si va precedida de una consonante (ej.: love ➜ loving). Lo mismo ocurre con los verbos que terminan en **gue** (ej.: intrigue ➜ intriguing).
- en los verbos que terminan en **ic** o **ac**, la **c** se transforma en **ck** (ej.: panic ➜ panicking).
- en los verbos que terminan en una sola vocal + una sola consonante (salvo la **w**), la consonante se duplica antes de la desinencia **ing** (ej.: stop ➜ stopping). Excepciones: **opening, developing, entering, profiting, suffering, offering**.

5 Añade la desinencia ing a los siguientes verbos realizando las modificaciones ortográficas necesarias

1. live ➜	4. play ➜	7. suffer ➜ ....
2. keep ➜	5. picnic ➜	8. draw ➜ ....
3. wear ➜	6. admit ➜	9. break ➜ ....

¿Good o well?

Good

- Naturaleza: es un adjetivo. Se aplica a un nombre (ej.: I'm not a good dancer).
- Uso particular: se emplea con verbos de estado, de sensación **(feel, seem, be, become, appear, look, sound, taste, smell…)** en el sentido de «estar/parecer».

Well

- Naturaleza: es un adverbio. Se aplica a un verbo (ej.: I don't dance very well).
- Uso particular: solo se utiliza como adjetivo para decir «en buena salud».

A tener en cuenta: I feel good está generalizado. Su uso es muy común en el inglés americano. Sin embargo, también existe otra expresión para decir que se está bien: **I'm fine**.

6 Completa con well o good

1. Her husband is a very .... man.
2. She speaks Chinese very ....
3. Drink your milk, it's .... for you.
4. I usually sleep ....
5. It smells ...., what are you cooking?
6. All is .... that ends ....
(proverbio que significa «bien está lo que bien acaba»).
7. So far so .... (expresión que significa «hasta ahora, todo va bien»).

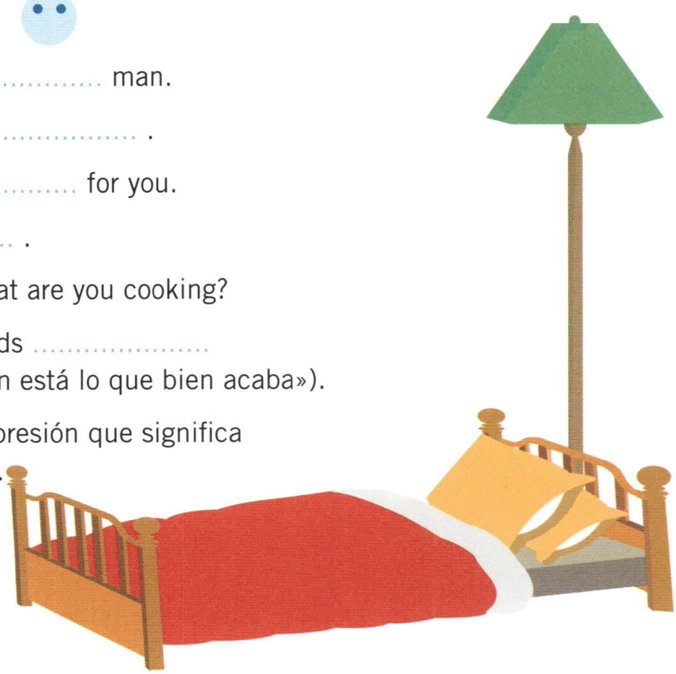

7 ¡Falsos amigos! Coloca las siguientes palabras en la tabla

Palabras inglesas: large, to stir, actually, fabric, carpet, currently, factory, folder, to get pregnant, to remove, sensitive

Palabras españolas: avergonzar, sensato, grande

	Palabra inglesa	Significado:	Se confunde con la palabra española...	... que en inglés se dice
1.		en realidad	actualmente	
2.		alfombra	carpeta	
3.			largo	long
4.	embarrass		embarazar	
5.		eliminar, quitar	remover	
6.	sensible		sensible	
7.		tela	fábrica	

Dichos

Los anglosajones utilizan muchas expresiones figurativas. La más conocida es sin duda **it's raining cats and dogs**, que significa: llueve a cántaros. Descubre dos más en el siguiente ejercicio.

8 Ordena las palabras o encuentra las letras que faltan para reconstruir estos famosos dichos

1. as/cucumber/a/as/cool (pista: no perder la compostura...)

→ ....

2. p _ _ s might f _ _ (pista: cuando las ranas críen pelo)

Pronunciación de la desinencia s/es (1)

En los verbos en los que se añade **es**, se pronuncia como una **[ss]** (s larga) (ej.: goes) o **[is]** (ej.: washes). Se pronuncia **[iss]** (con la s larga) detrás de los sonidos **[s]**, **[ch]**, **[tch]**, **[y]**, **[x]**, **[z]**, (ej.: passes, pushes, watches, ages, mixes, buzzes). En los verbos que terminan en y, si la y se pronuncia **[i]**, la desinencia **es** se pronunciará **[iss]** (ej.: carries). Si la y no se pronuncia **[i]**, la desinencia **s** se pronunciará **[ss]** (ej.: plays).

Pronunciación de la desinencia s/es (2)

La desinencia también se puede pronunciar **[s]**. La elección entre los sonidos **[ss]** y **[s]** está determinada por el grado de facilidad de pronunciación. Si es muy difícil de pronunciar **[ss]** se pronunciará **[s]**, en especial detrás de los sonidos **[p]**, **[t]**, **[k]**, **[f]** (ej.: plucks, puffs, pops, tips). Sin embargo, se pronunciará [ss] detrás de las vocales (ej.: lies, goes) y detrás de los sonidos **[b]**, **[d]**, **[g]** (ej.: begs, feeds, throbs).

9 ¿[iss], [ss] o [s]? Indica, entre los corchetes, el sonido de los verbos siguientes, según la menera en que se pronuncian en la 3.ª persona del singular

1. confess**es** [...]
2. kill**s** [...]
3. enjoy**s** [...]
4. cross**es** [...]
5. suppli**es** [...]
6. teach**es** [...]
7. age**s** [...]
8. look**s** [...]
9. buzz**es** [...]
10. wait**s** [...]

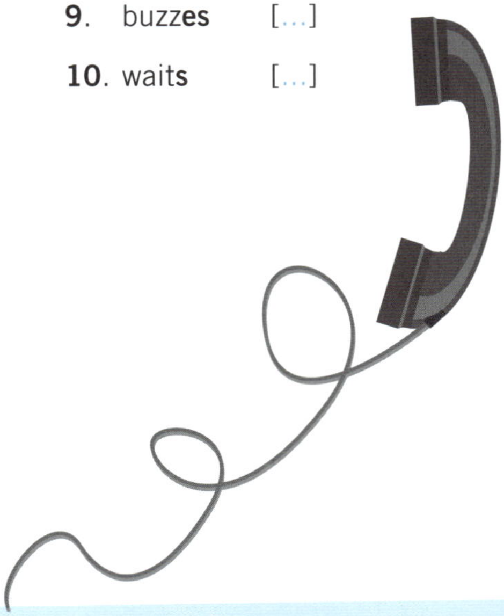

10 Localiza el intruso

1. prepares, allows, arrives, eats
2. cooks, costs, burns, fights
3. answers, recognizes, explains, prefers
4. counts, calls, tells, moves

Bravo, ¡has llegado al final de este capítulo! Ahora debes contabilizar los iconos y trasladar el resultado a la página 128 para la evaluación final.

2

Present perfect

El presente perfecto simple

Generalmente se presenta como un tiempo del pasado opuesto al pretérito, pero el present perfect es más bien un tiempo del presente ya que sirve para expresar acciones relacionadas con él.

- **Formación: have/has +** participio pasado. **Have** y **has** se abrevian normalmente con 've y 's.
- **Usos:**

– **cuando la acción ha comenzado en el pasado y continúa en el presente.** Se traduce en español por el presente. Para expresar **desde**, se utiliza **since** o **for**. **Since** introduce el punto de partida de una acción y se coloca delante de una fecha o de un acontecimiento pasado. **For** introduce una duración, y por tanto se coloca delante de las extensiones de tiempo (ej.: I have played tennis for 10 years/since 2002/since my childhood = juego al tenis desde hace 10 años/desde 2002/desde mi infancia).

– **para expresar un balance sobre la experiencia,** es decir, de lo que hemos vivido hasta ahora. Se traduce por un pretérito perfecto en español (ej.: I have never been to Japan = nunca he estado en Japón). Existen varias expresiones que se utilizan para expresar esta idea de balance: **so far/until now** (hasta ahora), **over the past years/weeks/months** (en los últimos años/meses, en las últimas semanas), **it's the first/ second/third time** (es la 1ª, 2ª, 3ª vez que...), **not yet** (no todavía), **never** (nunca), **ever** (toda mi vida, nunca o ya, según el contexto), **already** (ya).

– **para insistir sobre las consecuencias o el resultado** de una acción pasada en el contexto presente, y no sobre la realización de la acción en sí misma. Así, el acontecimiento pasado explica la situación presente (ej.: I have forgotten my glasses = he olvidado mis gafas ➜ no veo nada, no puedo leer el cartel / I have washed the car = he lavado el coche ➜ está limpio). Aquí de nuevo lo traducimos por un pretérito perfecto en español.

1 Elige entre since o for, para después traducir

1. I've been back home .... 2 o'clock. I've been here .... 2 hours.
2. I haven't seen him .... a while. Not .... the accident, actually.
3. We have known John .... 1999. We've known him .... 14 years.
4. I haven't heard from her .... a long time. Have you phoned her .... her wedding?

2 Relaciona cada inicio de frase con la continuación que le corresponde

1. I'm sorry, I have
2. So far, I haven't
3. You can stay home and relax.
4. I've worked in this company for
5. I haven't had breakfast
6. This car is so old! I've had it for

- a. had any problem with my computer.
- b. two years.
- c. forgotten your name.
- d. I've done the shopping.
- e. ages!
- f. yet.

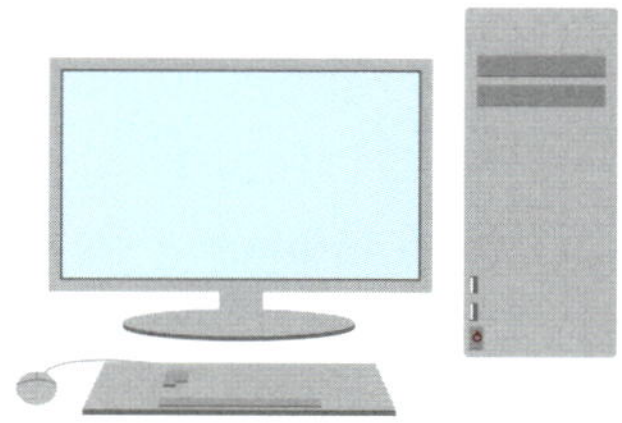

El present perfect en ing

- **Formación: have/has been** + verbo en **ing**
- **Usos:**

– **para una acción reciente** que se puede constatar fácilmente en la situación presente: se ve, se huele, etc. (ej.: she's been crying = ella ha estado llorando ➜ yo lo veo porque ella tiene los ojos rojos / you've been drinking! = tú has estado bebiendo ➜ ¡hueles a alcohol!).

– **se prefiere la forma progresiva** con situaciones más cortas y puntuales y la forma simple para los estados permanentes o de larga duración (ej.: I have lived in Paris all my life / I've been living here for two months).

3 Corrige los errores

I have always love Ireland. I live here since 2005. I've been rented a nice little flat in Dublin since 6 months. I have find an interesting job. I work here since three months. I have a few habits now. On Sundays I always go to the fish market. I've tried to learn more about Irish cooking for a couple of months. Another thing I love is going to the pub. I have tried quite a few beer brands since I arrived!

....

....

....

....

....

....

....

....

....

....

4 Termina la traducción de las siguientes frases, sin olvidar las pequeñas palabras como for, since, already, yet, etc., si son necesarias

1. No des de comer al gato, ya lo he hecho yo.
   → Don't feed the cat, I .... it.
2. Él ha estado fumando. (se sobreentiende: huele a cigarrillo)
   → He ....
3. He ido a China tres veces desde 2002.
   → I .... three times to China .... 2002.
4. **Just for fun:** (conjuga el verbo entre paréntesis para completar la cita)
   → «A sense of humour is good for you. .... you ever .... **(hear)** of a laughing hyena with heart burn?» (Bob Hope)

Traducir «bien» y «mal»

- Para traducir «de manera satisfactoria/no satisfactoria», se utiliza **good**, **well**, **bad** o **badly**, según el contexto.
- Para traducir «apropiado o no apropiado / según las costumbres, la moral o contra las costumbres o la moral», se utiliza **right, bad** o **wrong**.

A tener en cuenta: good y **bad** son adjetivos mientras que **wrong** y **badly** son adverbios.

5 Señala la(s) respuesta(s) adecuada(s) que permita(n) traducir correctamente las siguientes frases

1. Estoy bien. → I'm... **a. well** **b. good** **c. right**
2. ¿Qué pasa? → What's... **a. bad?** **b. badly?** **c. wrong?**
3. ¡Bravo! → **a. Well made!** **b. Well done!** **c. Right done!**
4. El bien y el mal. → **a. Right and wrong** **b. Good and bad** **c. Good and evil**
5. Ella habla mal inglés. → She speaks...
   a. bad English **b. English badly** **c. wrong English**
6. Da gusto estar en casa. → It ... to be home.
   a. makes good **b. feels right** **c. feels good**

Traducir «bien» y «mal» (continuación)

Cuando **bien** y **mal** indican el grado o la insistencia, habrá que utilizar otros giros (ej.: estoy bastante enfadado: I'm **quite** upset / has entendido mal: you **mis**understood), como verás en el ejercicio siguiente.

6 Termina las traducciones siguientes colocando las palabras en el lugar adecuado

hurt - much - very - carefully - difficulty - good

1. Es mucho mejor.
→ It's .... better.

2. Escúchame bien.
→ Listen to me ....

3. Ella tiene problemas para hablar.
→ She has .... in talking.

4. No le hagas daño (a él).
→ Don't .... him.

5. Estoy muy contento.
→ I'm .... happy.

6. Es demasiado bueno para ser cierto.
→ It's too .... to be true.

Pronunciar la letra i

La grafía **i** se puede pronunciar **[i]** (ej.: machine, bit, promise) o **[ai]** (ej.: wild, surprise). Hay reglas de pronunciación que determinan uno u otro sonido, pero son muy complejas para abordarlas en esta etapa de aprendizaje. ¡Fíate de tu oído!

7 Señala el intruso

1. police - regime - decide - wilderness

2. differ - alive - time - nice

3. precise - vital - like - children

4. dish - kiwi - drive - ski

8 Responde a las preguntas siguientes señalando la respuesta correcta

1. ¿Cómo se pronuncian las i en la palabra **crisis**? a. [i]/[i] b. [ai]/[i]

2. ¿Cómo se pronuncian las dos i en la palabra **minority**? a. [i]/[i] b. [ai]/[i]

3. ¿Cómo se pronuncia la **i** de **decide**? a. [ai] b. [i]

4. ¿Cómo se pronuncia la primera **i** de **decision**? a. [ai] b. [i]

El sonido [i]

Muchas grafías se pronuncian generalmente **[i]**:
- **i** (ej.: bit, caffeine)
- **y** (ej.: synonym, party)
- **e** (ej.: be, become)
- **ee** (ej.: bee)
- **ea** (ej.: bean)
- **eo** (ej.: people)
- **ey** (ej.: key)
- **ei** (ej.: ceiling)
- **ie** (ej.: chief)
- y a veces la **a** (ej.: hostage)

No obstante, hay excepciones...

9 Señala la(s) respuesta(s) correcta(s)

1. Señala el intruso:
   copy - try - envy - fancy
2. Señala el intruso:
   perceive, receive, neighbour, deceive
3. **Cheer** rima con: hear - pear
4. Señala el intruso:
   heavy - ally - July - my
5. Señala el intruso:
   party - actually - justify - worry
6. **Journey** rima con:
   funny - crazy - okay - money
7. Señala el intruso:
   leaf, meat, sweat, read

10 ¿En qué palabra no se escucha el sonido [i]? Escríbela en la línea de puntos (atención, ¡puede ser una trampa!)

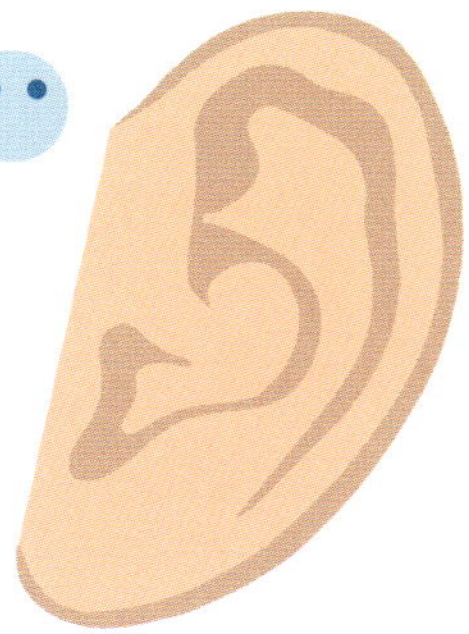

1. complete - great - knowledge - chief ➜ ....
2. asylum - deep - manage - ship ➜ ....
3. meet - sign - promise - achieve ➜ ....
4. fit - relief - advantage - violence ➜ ....
5. carriage - language - bridge - badge ➜ ....
6. women - business - knowledge - secret - media ➜ ....

Bravo, ¡has llegado al final de este capítulo! Ahora debes contabilizar los iconos y trasladar el resultado a la página 128 para la evaluación final.

3
Past simple

El pasado simple

El past simple es un tiempo del pasado. Sirve para expresar acontecimientos pasados, terminados y generalmente fechados, que no guardan ninguna relación con el presente (ej.: Ghandi died in 1948 / I bought a new computer last week).

Formación:

- si el verbo es regular, se construye con la base verbal + **d/ed** en la forma afirmativa (ej.: Tommy played football this morning); se utiliza **did** en las formas interrogativas y negativas (ej.: did you see Peter yesterday? / No, I didn't). El auxiliar **be** en pretérito es **was** para la 1.ª y 3.ª persona del singular y **were** para la 2.ª persona del singular y las personas del plural.
- si el verbo es irregular, el pretérito es una forma fija que hay que aprender de memoria.

1 ¿Regular o irregular? Señala el intruso

1. work, know, believe, play
2. lose, take, ask, buy
3. kill, buy, arrive, visit
4. cut, tell, need, see
5. go, become, bleed, walk
6. swim, eat, wash, lie

2 Señala la respuesta correcta para cada verbo y después escríbelo en pretérito

	Regular	Irregular	Pretérito
talk	☐	☐	....
meet	☐	☐	....
drink	☐	☐	....
become	☐	☐	....
wear	☐	☐	....
cry	☐	☐	....
open	☐	☐	....
compare	☐	☐	....
let	☐	☐	....

El pasado simple (continuación)

Particularidades:

- a diferencia del presente perfecto, el pasado simple se utiliza cuando es el propio suceso pasado lo que se pone delante y no sus consecuencias en el presente. Por lo tanto, a menudo se acompaña de las circunstancias del acontecimiento: dónde, por qué, cómo, cuándo (ej.: she put her hat **on the table** ➜ ¿dónde? sobre la mesa / I came **on foot** ➜ ¿cómo? a pie).
- el pasado simple se utiliza con referencias temporales que remiten a un momento pasado, tales como: una fecha, **ago** (hace...), **yesterday, last week/month/year** (la semana pasada, el mes pasado, el año pasado), **for, when, during, before, after, since**. La referencia puede ser vaga, es suficiente que evoque un elemento que remita claramente al pasado (ej.: Egyptians wore make-up).
- en el pasado simple, la palabra **durante** se puede traducir por **for** o **during**. **For** precede a una duración y responde a la pregunta **how long?** (ej.: for 2 months = durante 2 meses). **During** precede a un nombre y responde a la pregunta **when?** (ej.: I fell asleep during the meeting).

3 Conjuga los verbos entre paréntesis en past simple

1. I .... **(leave)** my umbrella on the train.

2. I .... **(go)** to Australia for the holidays last year.

3. The Suffragettes .... **(fight)** for the right to vote.

4. I .... **(stop)** smoking a few months ago.

5. We .... **(not - go)** to the restaurant last night.

6. Peter .... **(work)** in England from 1985 to 2010.

El pasado simple en Be + ing

- **Formación: To be** en past simple (**was/were**) + base verbal + **ing**
- **Uso:** para una acción en desarrollo en el pasado ➜ estaba haciendo... (ej.: this time last week, I was skiing), para decir que una acción estaba en desarrollo cuando comenzó otra o que una acción ha sido interrumpida por otra ➜ yo estaba haciendo... cuando... (ej.: I was sleeping when you arrived).

4 Completa los espacios con el past simple o con Be + ing

1. I .... **(not - hear)** the postman. I .... **(have)** a shower when he .... **(ring)**.
2. – What .... you .... **(do)** last night at 11, Sir?
   – Nothing special, I .... **(watch)** TV.
3. The children .... **(play)** football when it .... **(start)** raining.
4. **Just for fun:** «I can remember exactly what I .... **(do)** when I .... **(hear)** the news. I .... **(listen)** to the news.» (Hugh Laurie)

5 Coloca las palabras que faltan (during, for, since, ever, yet, already, ago) en el lugar adecuado en estas frases en past simple o present perfect

1. I was sick … the flight.
2. I've known him … more than a year, … June 2011.
3. I went to the hairdresser's two weeks… .
4. Have you … fed the cat?
5. Have you … done a parachute jump?
6. I haven't prepared dinner… .

	palabras que faltan	
1		
2		
3		
4		
5		
6		

6 Completa las frases siguientes en past simple o present perfect, sin olvidar los marcadores temporales (for, since, ago, during, etc.) si son necesarios

1. I .... **(rent)** a flat .... ten years, from 1980 to 1990. Then I .... **(buy)** a house.
2. Be careful, there's glass everywhere. I .... **(break)** a vase.
3. I .... **(smoke)** .... I was a teenager. I know I should stop.
4. I .... **(see)** Emma two days .... She was on her way to the dentist's.

La desinencia de los verbos regulares

La desinencia del pasado simple es una **d** si le verbo termina en **e** (ej.: live ➜ lived). Los verbos que terminan en y se transforman en **ie + d** si la **y** va precedida de una consonante (ej.: try ➜ tried). No se modifica si va precedida de una vocal (ej.: stay ➜ stayed). La consonante final se dobla si el verbo termina en vocal + una sola consonante, salvo con la **w** (ej.: stopped, admitted). Excepciones: opened, developed, entered, profited, suffered, offered, remembered).

Los verbos que terminan en **ic** o en **c** se transforman en **ck** (ej.: panic ➜ panicked).

7 Pon los siguientes verbos en past simple

tap	prefer ....
close	top ....
explain	create ....
follow	believe ....
worry	study ....
rob	chat ....
live	picnic ....

¿Take o have?

Para traducir algunas expresiones, en particular las que contienen el verbo **tomar**, generalmente dudamos entre **take** y **have**. Algunos usos simplemente hay que memorizarlos. Sin embargo, podemos recordar que **have** ese utiliza generalmente para acciones y experiencias, en particular cuando la expresión tiene el sentido de **comer, beber, divertirse** ej.: have a snack, have fun, have a walk). Los **americanos** tienen tendencia a utilizer más **take**, y dicen: take a shower, take a walk.

8 ¿Take o have?
Señala la respuesta correcta
(a veces son posibles las dos)

1. Hacer una pausa ➜ **take** - **have** a break
2. Desayunar ➜ **take** - **have** lunch
3. Tomar un trago ➜ **take** - **have** a drink
4. Darse un baño ➜ **take** - **have** a bath
5. Tomar vacaciones ➜ **take** - **have** a holiday
6. Sentarse ➜ **take** - **have** a seat
7. Echar una ojeada ➜ **take** - **have** a look
8. Divertirse ➜ **take** - **have** fun

Traducir tener: ¿be o have?

Se utilizará **have** si **tener** tiene el sentido de **poseer** o **padecer de** (tener un coche, tener dolor de cabeza). Si **tener** tiene un sentido diferente, se utilizará generalmente **be** + adjetivo. Es el caso de: **la edad** (tener 20 años), los estados mentales (tener razón, tener suerte), **algunas emociones** (tener miedo, tener vergüenza), **las sensaciones** (tener hambre, tener calor), **las localizaciones** (hay...), **las medidas** y **características** (color, talla, tamaño, altura, velocidad, temperatura, etc.).

9 Pon en orden las palabras y añade el verbo be o have, conjugado en el tiempo correcto, como en el ejemplo

Ej.: Hay una araña en la habitación. → there/in/spider/the/bedroom/a → There IS a spider in the bedroom.

1. Yo estaba equivocado, tú tenías razón. → **I/right/wrong/you** → ....
2. Peter tiene 32 años. → **thirty-two/Peter** → ....
3. Los niños tienen miedo del perro. → **children/the/of/dog/the/afraid**
   → ....
4. Ellos tienen frío en la casa de campo. → **cold/they/in/cottage/the** → ....
5. Generalmente me duele la cabeza. → **often/I/headache/a** → ....

Sinónimos idiomáticos

Los ingleses utilizan con mucha frecuencia palabras más idiomáticas (que generalmente son también más cortas), como verás en el ejercicio siguiente.

10 Encuentra los sinónimos (más idiomáticos) de las siguientes palabras, dejándote guiar por las pistas

Sinónimos de...	Pista 1	Pista 2	Respuesta
1. simple	• A • •	Y/E/A/S	
2. liberty	F • • • D • •	O/M/D/E/F/E/R	
3. difficult	H • • •	R/H/D/A	
4. sufficient	E • • U• •	U/N/H/E/G/O	
5. ridiculous	• I • • Y	Y/L/I/L/S	

Pronunciación de d / ed

Se pronuncia **[id]** detrás de los sonidos **[d]** o **[t]** (ej.: wanted, ended), al igual que en los participios pasados beloved, blessed, learned y naked. Se pronuncia **[t]** si es muy difícil pronunciar la **[d]**, como es el caso detrás de los sonidos [p], [k], [f], [s], la [tch] de watch, la **[ch]** de wash (ej.: worked, tapped, preached, picked, coughed). Se pronuncia **[d]** detrás del resto de consonantes (ej.: filled, saved, ruled) y los verbos que terminan en **er** si la letra **r** es muda en la grafía **ered** (ej.: considered).

11 ¿Cómo se pronuncia la ed en las palabras siguientes?

1. needed	**[id]** ☐	**[t]** ☐	**[d]** ☐
2. kissed	**[id]** ☐	**[t]** ☐	**[d]** ☐
3. lived	**[id]** ☐	**[t]** ☐	**[d]** ☐
4. wondered	**[id]** ☐	**[t]** ☐	**[d]** ☐
5. hated	**[id]** ☐	**[t]** ☐	**[d]** ☐

12 ¿Cuántas sílabas puedes escuchar en las palabras siguientes?

1. punished: ....
2. listened: ....
3. reached: ....
4. danced: ....
5. arrived: ....
6. researched: ....
7. suggested: ....
8. naked: ....
9. listened: ....
10. pressed: ....

13 Señala el intruso en cada línea

1. suffered, entered, served, fixed, covered

2. shouted, explained, recorded, visited, started

3. stopped, confessed, expected, dressed, parked

4. answered, figured, appeared, included, surprised

Bravo, ¡has llegado al final de este capítulo! Ahora debes contabilizar los iconos y trasladar el resultado a la página 128 para la evaluación final.

4
Future

La expresión de futuro

- **Will** + base verbal: se utiliza para una predicción a partir de hechos conocidos (ej.: I think he will pass the exam), una decisión tomada en el momento que se anuncia (ej.: el teléfono suena → I'll take it). En el lenguaje hablado, se utiliza más la forma contraída 'll.
- **Be going to** + base verbal: se utiliza para una intención (ej.: I'm going to buy a new car) o una deducción a partir de circunstancias ya presentes (ej.: look at the sky, it's going to rain).
- **Presente en ing**: para una decisión tomada antes de ser anunciada (ej.: I'm moving out next month).
- **Present simple**: para un acontecimiento/horario planificado por un agente externo (ej.: the train leaves at 5).

1 Relaciona cada inicio de frase con el final que le corresponda

1. Someone's knocking at the door.	**a.** that the film starts at 8:30.
2. Look how fast this man is driving. He's	**b.** going to Spain for the holiday.
3. It says in the TV programme	**c.** I'll be right back.
4. Wait for me please.	**d.** I'll get it!
5. It's agreed. We are	**e.** going to have an accident.

¿Will o no will?

También se utiliza **will** si el acontecimiento está condicionado (ej.: I'll go if you come with me).

Se utiliza el **present simple** y no **will** en las subordinadas temporales después de **when, as soon as, until, while, before, after**, cuando el verbo de la principal está en futuro con will (ej.: I'll tell you as soon as I know) y después de ciertos verbos como **bet** o **hope** (ej.: I bet he doesn't come = apuesto a que no vendrá).

2 Señala la respuesta correcta

1. Have you decided yet? ... to the party tonight?
   - ☐ **a**. Do you come
   - ☐ **b**. Are you coming
   - ☐ **c**. Will you come
2. I heard you were sick.
   I hope you ... better soon.
   - ☐ **a**. will feel
   - ☐ **b**. feel
   - ☐ **c**. are feeling
3. The sky is getting so dark! I think it...
   - ☐ **a**. is going to rain
   - ☐ **b**. rains
   - ☐ **c**. will rain
4. In six months from now, I ... in Japan.
   - ☐ **a**. will live
   - ☐ **b**. live
   - ☐ **c**. will be living
5. **Just for fun:** «It's not that I'm afraid to die. I just don't want to be there when it ... .» (Woody Allen)
   - ☐ **a**. is happening
   - ☐ **b**. will happen
   - ☐ **c**. happens

El futuro en ing

Existe un futuro en **ing**. Sirve para expresar una acción que se llevará a cabo en el futuro. Se forma con **will be** + base verbal + **ing** (ej.: this time tomorrow I'll be visiting Dublin).

El uso de shall

Shall solo se utiliza para hacer una sugerencia o una oferta (ej.: shall I take your coat?) o para interrogar sobre lo que se debe hacer (ej.: what shall we do?).

3 Completa los espacios con shall, will, el presente en ing o el presente simple

1. Are you cold? .... **(I - close)** the window?
2. Peter and Suzie .... **(get married)** in May.
3. The play .... **(begin)** at 8:30.
4. Let's go to the restaurant tonight, ... we?
5. I .... **(go out)** if I'm not too tired.

Traducir hacer: ¿make o do?

Se utiliza **make** cuando hay una creación, transformación o construcción (ej.: I made a cake). Por otro lado, **make** se utiliza en expresiones figuradas en las que no significa necesariamente crear (ej.: to make a call = hacer una llamada). Se utiliza **do** cuando «hacer» remite a la idea de una tarea, actividad o trabajo (ej.: what do you do? = what is your job? = ¿a qué te dedicas? / I'm doing the dishes = estoy lavando los platos).

4 Completa con do o make, conjugado en el tiempo adecuado

1. He .... his best but he .... many mistakes.
2. Could you .... me a favour and .... some tea?
3. That was a difficult choice to .... and I think you .... the right thing.
4. I'm going to .... the shopping this afternoon.
5. You could .... an effort, it's not so hard!

Interjecciones

Las interjecciones son muy numerosas en inglés y en español. Y también son muy diferentes. Por ejemplo, **Bang!** significa «¡pum!», **Hush!** significa «¡chis!». ¡Ahora te toca a ti descubrir otros en el ejercicio de la derecha!

5 Une cada interjección inglesa con su equivalente en español

1. Phew •	• a. Ñam
2. Shoo •	• b. Hmm
3. Ouch •	• c. Uf
4. Yummy •	• d. Fuera
5. Yuck •	• e. Ay
6. Hum •	• f. Puaj

6 Encuentra las palabras mal escritas y señala las casillas correspondientes

abreviation ☐ accept ☐ aggresive ☐ analyze ☐
apartament ☐ approve ☐ attractive ☐ basse ☐
cafeteria ☐ career ☐ caracter ☐ classification ☐
collection ☐ confort ☐ consecuence ☐
department ☐ enemy ☐ equal ☐ essential ☐
exageration ☐ excellent ☐ express ☐ favor ☐
function ☐ futur ☐ ilegal ☐ illusion ☐
inmediately ☐ immigrant ☐ Irland ☐ lenguage ☐
letter ☐ literatture ☐ mecanic ☐ moskito ☐
necessary ☐ object ☐ offend ☐ pesimist ☐
possessive ☐ possible ☐ pronounce ☐
realize ☐ receive ☐ ridiculos ☐
simmilar ☐ special ☐ stress ☐ terribel
☐ tourist ☐ trafic ☐ virtuous.

Falsos iguales

Por confusión con el español, algunas palabras inglesas se escriben incorrectamente. Presta especial atención a las consonantes (¿dobles o simples?) y a los posibles añadidos o supresiones de letras.

7 Coloca estas palabras, pertenecientes a la familia, en las siguientes frases

daughter / mother-in-law / uncle / aunt / brother / wife / sister / husband / nephew

1. A married couple is formed of .... and ....
2. Son is to boy what .... is to girl.
3. An only child has no ....s and ....s.
4. Your father's brother is your ....
5. Your father's sister is your ....
6. Your wife's/husband's mother is your ....
7. Your sister's/brother's son is your ....

El vocabulario de la familia

La palabra **family** designa tanto a la unidad familiar como a la idea de grupo. **A relative** significa **un pariente** (→ cualquiera de la familia). ¡Ahora te toca a ti jugar a descubrir otras palabras en el ejercicio propuesto!

Vocabulario de la ropa

Para hablar de **la ropa** en plural, decimos **clothes**. Pero si queremos hablar de una prenda, diremos **a garment** o **an item (an article/a piece) of clothing**. ¡Ahora comprueba tus conocimientos sobre este tema con los ejercicios de aquí abajo!

8 Separa las palabras correctamente con un trazo para encontrar la traducción inglesa de las palabras listadas aquí abajo; después escribe las palabras en el orden de la traducción en las líneas previstas para ello

1. **vestido - traje - ropa - pantalón - camisa - chaqueta - calcetines - falda - jersey - abrigo**

   clothesshirtjacketsweatersuitcoattrouserssocksskirtdress

   ....

   ....

Haz lo mismo para encontrar ahora los siguientes accesorios

2. **monedero - gorra - sombrero - zapatos - bufanda - corbata - pañuelo guante - cinturón - paraguas**

   cappursehattiebeltscarfgloveshoeumbrellahandkerchief

   ....

   ....

9 Lee las instrucciones y señala la respuesta correcta

1. Encuentra al intruso:
   children - five - alive - die - child
2. Encuentra al intruso:
   buy - live - mind - dry
3. Encuentra al intruso:
   ideal - private - iron - spinach
4. **Right** no rima con:
   rite - fight - eight - write
5. ¿ Cómo se pronuncian la **i** y la **y** en **finally**?

   a. [i] / [i] c. [i] / [ai]
   b. [ai] / [ai] d. [ai] / [i]

Los sonidos [i] y [ai] (continuación)

Generalmente encontramos el sonido **[ai]** en las diferentes grafías siguientes:

- **y** (ej.: my)
- **ie** (ej.: lie)
- **i** (ej.: night, five, find)
- **eigh** (ej.: height)

Pero también hay excepciones...

El sonido [i]: ¿[i] larga o [i] corta?

Recuerda: encontramos el sonido **[i]** con las letras y grafías **i, ee, ea**. Observa de momento que el sonido **[i]** es generalmente **corto** con la letra **i** (ej.: slip) y **larga** con las grafías **ee** y **ea** (ej.: sleep, meat). Es muy importante marcar esta diferencia al hablar.

10 Clasifica las palabras en la tabla en función de la longitud del sonido [i]

seek - beach - shit - leek - fill - seat - rid - bin - leave - chip - sheep - sit - read - sick - feel - ship - cheap - live - bean - bitch - sheet - lick

[i] corta	[i] larga
....	....
....	....
....	....
....	....
....	....
....	....

11 Señala la palabra que conviene

1. He is in hospital. He was **hit - heat** by a car.
2. Amanda **lives - leaves** in Japan now.
3. I usually **slip - sleep** very well at night.
4. He ate bad sushi and got very **sick - seek**. He almost died.

12 En cada una de las listas siguientes, dos palabras se pronuncian de la misma manera; elimina el intruso

1. leak - leek - lick
2. meet - meat - mate
3. ill - heel - heal
4. ceiling - sealing - sailing
5. still - steel - steal

Bravo, ¡has llegado al final de este capítulo! Ahora debes contabilizar los iconos y trasladar el resultado a la página 128 para la evaluación final.

5
Verbos modales

Los verbos modales

- **Función general y formación:** los verbos modales sirven para expresar la posibilidad, la obligación, la capacidad o la probabilidad. En la forma afirmativa, los modales (invariables, misma forma en todas las personas) van seguidos de la **base verbal** (ej.: I/he/they must go). En la forma interrogativa, invertimos el orden del modal y el sujeto (ej.: can you come? / should we leave?).
- **Principales modales** (ver más adelante las formas negativas y las particularidades):
  - **Can:** sirve para expresar **la capacidad o un permiso** (ej.: I can speak German / can I come with you?).
  - **Could:** forma pasada de **can**, sirve para expresar las mismas nociones que **can**
  - **Must:** sirve para expresar una **gran posibilidad ➜** debe suceder (ej.: it must be nice to live by the sea) o una **obligación en la forma afirmativa** (ej.: you must do your homework)
  - **Should:** sirve para expresar un **consejo ➜** deberías, harías bien en (ej.: you should work harder).
  - **May:** sirve para expresar **la posibilidad**, una posibilidad entre dos **➜** puede que (ej.: it may rain this afternoon) o una **autorización** (ej.: may I smoke?)
  - **Would:** sirve para expresar **el condicional**. Se utiliza generalmente con las palabras **if, if only** (ej.: I would come if I could = iré si puedo). También se utiliza en el **discurso indirecto**, para relatar las declaraciones (ej.: she said that she would come = ella dijo que vendría).

I Elige entre can, must, should, may, could o would

1. You didn't sleep last night. You .... be very tired. Maybe you .... take a nap.
2. You don't have a choice, you .... speak English fluently to work in this company.
3. I .... help you with your exam if I ...., but I'm afraid I'm terrible at maths.
4. It .... rain, it's sunny but there are a few clouds. Don't you think we .... take an umbrella?
5. **Just for fun:** «If the British .... survive their meals, they .... survive anything.» (GB Shaw)

Formas negativas y particularidades

- **Can:** su forma negativa es **cannot** o **can't**. Para expresar la capacidad en futuro, se utiliza **be able to + base verbal** (ej.: I will be able to speak fluently in a few months).
- **Must:** su forma negativa es **must not** o **mustn'n**. Puede servir especialmente para traducir una **prohibición** (ej.: you mustn't smoke in a hospital). Si queremos expresar una obligación en pasado o en futuro, se utilizará **have to** conjugado en pretérito o en futuro + **base verbal** (ej.: I had to work all weekend / I will have to cancel my holiday).
- **Should:** su forma negativa es **should not** o **shouldn't** (ej.: you shouldn't smoke so much).
- **May:** su forma negativa es **may not**. Para expresar la idea de autorización en pasado o en futuro, se emplea **be allowed to + base verbal** (ej.: I was allowed to take photos in the museum / I will be allowed to bring my dog to the hotel).
- **Would:** su forma negativa es **would not** o **wouldn't**. La estructura **would like to + base verbal** sirve para expresar un **deseo** (ej.: I'd like to come with you).

2 Coloca las palabras en orden para encontrar la traducción de las frases siguientes

1. Ella dice que lo haría.

→ ....

do she would that said it she

2. No tenía permiso para ir.

→ ....

to come I was allowed not

3. ¿No deberías fumar menos?

→ ....

smoke not you less should ?

4. ¿Te gustaría salir esta noche?

→ ....

tonight like you out go to ? would

5. Tendré que hacer la compra.

→ ....

the to do shopping have will I

3 Escribe las frases siguientes en los tiempos indicados entre paréntesis

1. I will be able to arrive by 5 o'clock **(PRESENTE):**

➜ ....

2. I must see a doctor about my allergies **(PASADO):**

➜ ....

3. I will be allowed to leave work earlier **(PRESENTE):**

➜ ....

4. May I call him? **(FUTURO):**

➜ ....

5. I will have to tell them **(PRESENTE):**

➜ ....

Intercambios cotidianos

Cierto número de pequeñas expresiones que permiten los **intercambios sociales** básicos o la expresión de una **opinión** son ineludibles cuando estás en un país de habla inglesa, si no quieres parecer frío o grosero. Aquí tienes unas cuantas en los ejercicios siguientes.

4 Coloca las palabras en el lugar apropiado

later - get - thanks - see - bother

1. Thank you = ...
2. Excuse me = sorry to .... you
3. Que te recuperes = ... well
4. Hasta luego = ... you ....

5 Escribe las letras que faltan o pon en orden las palabras para reconstruir las expresiones siguientes

1. ¡Felicidades! C _ _ G _ _ T _ L _ _ _ _ _ S!
2. ¿Qué tal? _ _ _ _ _ _ YOU?
3. Se dice en un primer encuentro: you/how/do/do? ....

4. ¡Buena suerte! G _ _ D L _ _ K!

5. ¡De nada! (después de los agradecimientos)
YOU'RE W _ _ CO _ _
o DON'T ME _TI_ _ IT
o NOT AT A _ _

6 Existen muchas posibilidades para pedir que te repitan lo que han dicho. Clasifica las oraciones de la más educada a la menos educada, escribiendo las letras a, b, c o d entre los símbolos decrecientes

a. **sorry?** **b.** **I beg your pardon?** **c.** **could you repeat that, please?** **d.** **what?**

.... > .... > .... > ....

7 Señala la(s) respuesta(s) correcta(s)

1. Para traducir **en mi opinión**, ¿cuál de estas expresiones no es correcta?
   - **a.** at my view...
   - **b.** I think...
   - **c.** in my opinion...
   - **d.** from my point of view...

2. ¿Cómo se dice **estoy de acuerdo**?
   - **a.** I am agree
   - **b.** I am agreed
   - **c.** I agree
   - **d.** I am okay

3. ¿Cómo se dice **no estoy de acuerdo**?
   - **a.** I disagree
   - **b.** I'm not agreed
   - **c.** I don't agree
   - **d.** I'm disagreed

4. Por educación, antes de indicar desacuerdo, se comienza la frase con:
   - **a.** not at all
   - **b.** never mind
   - **c.** I'm afraid...
   - **d.** I believe...

5. ¿Qué expresión no significa que estés seguro?
   - **a.** I'm sure (about)
   - **b.** I'm certain (about)
   - **c.** I'm positive
   - **d.** I'm biased

6. ¿Qué expresión no significa **«creo/ supongo»**?
   - **a.** I guess
   - **b.** I suppose
   - **c.** I bet
   - **d.** I assume

La letra a

La letra **a** se puede pronunciar:
- **[o]** (ej.: fall, talk)
- **[e] cerrada** (ej.: afraid, accept)
- **[a]** (ej.: father, matter)
- **[ei]** (ej.: bay)
- **[a] nasal** (ej.: cat)
- **[i]** (ej.: cottage, vintage; atención con las terminaciones en **age**: [vintidj] y [cotidj])

8 Responde a las preguntas siguientes

1. ¿Cómo se pronuncian las 3 **a** en la palabra **banana**? 1 [.....] 2 [.....] 3 [.....]

2. **appreciate** rima con:
   a. demonstrate
   b. climate
   c. mat
3. ¿En qué palabra la letra **a** no se pronuncia **[ei]**? potato - fashion - apricot - April
4. ¿Qué palabra contiene una **a** que no se pronuncia **[e]**? again - agony - across - American
5. Localiza el intruso:
   apple - traffic - final - rabbit

9 Localiza el intruso

1. rugby - tune - reduction - cup
2. funny - mud - customer - ruby
3. put - full - cool - fudge
4. honey - offer - some - open
5. blood - hood - enough - done

El sonido [a] cerrado

Se pueden pronunciar **[a] cerrada** las siguientes grafías:
- **o** (ej.: love)
- **ou** (ej.: tough)
- **oo** (ej.: flood)
- **u** (ej.: up, duck)

10 ¿En qué palabras se escucha el sonido [a] cerrado? Señala las casillas correspondientes

1. ☐	destruction	6. ☐	god	11. ☐	rock
2. ☐	hoover	7. ☐	moose	12. ☐	stuck
3. ☐	luck	8. ☐	brother	13. ☐	fool
4. ☐	court	9. ☐	rude	14. ☐	seduction
5. ☐	duke	10. ☐	colour	15. ☐	rough

Pronunciar las letras j/g

- La letra **j** se pronuncia siempre **[dy]** (ej.: jar, enjoy, junior)
- La letra **g** se puede pronunciar **[dy]** al principio o en medio de la palabra, en los grupos de letras **gi, gy, ge, dg, dge** (ej.: ginger, energy, knowledge, cabbage), **[g]** al principio, medio o final de palabra (ej.: gold, game, finger, dog, fog) y **[f]** en el grupo de letras **gh** (ej.: laugh).

A tener en cuenta: ciertas letras/grafías se pronuncian también **[dy]** aunque no contengan la letra g. Es el caso de la grafía **dj** y de **la letra d en las grafías di** y **du** (ej.: dual, adjust, soldier).

11 ¿En qué palabra no se escucha el sonido [dj]? Táchalas

1. journey / adjective / gene / bridge / gibbon
2. module / sleigh / majesty / soldier / gym
3. mileage / getaway / badger / subdue / adjoin
4. ageing / project / twig / dune / budget

12 ¿En qué palabras no se escucha el sonido [g]? Táchalas

GATE argue spring monologue bagel germ GIANT

13 ¿En qué palabras no se escucha el sonido [f]? Táchalas

weigh tough laugh enough rough though sigh borough cough

Bravo, ¡has llegado al final de este capítulo! Ahora debes contabilizar los iconos y trasladar el resultado a la página 128 para la evaluación final.

6

Verbos: ¿to, ing, o ø?

¿To o ø?

- **Base verbal sin to (o ø):**

Se utiliza detrás de **los modales** y de **had better** (ej.: we'd better go / we must go), los verbos **let** y **make** (ej.: let him go / This film made me cry), la expression **why (not)?** (ej.: you look tired, why not take a holiday?).

- **Base verbal con to:**

To expresa la idea de meta o fin (ej.: I went to the supermarket **to** buy some milk). Encontramos generalmente **to** cuando el verbo está orientado hacia la realización (futura) de una acción. Se utiliza detrás de **la mayoría de los verbos no auxiliares** (ej.: choose, decide, hope, love, promise, refuse, want), **los interrogativos who, what, where, pero no con why** (ej.: tell me what to do), **would like/prefer/hate/love** (ej.: I'd like to tell you something), las expresiones que expresan **una obligación** (ej.: I have a lot of work to do), **los cuantificadores** como **enough, too much** (ej.: there was enough water to take a shower), **los adjetivos que expresan una emoción** como **disappointed, glad, happy, pleased, relieved, sad, surprised, shocked, afraid** (ej.: I'm pleased to come with you).

1 Señala la respuesta correcta

1. I was so happy ... that you got married. ☐ **a.** learn ☐ **b.** to learn

2. It's getting late. We'd better ... . ☐ **a.** go ☐ **b.** to go

3. I promise ... an effort. ☐ **a.** to make ☐ **b.** make

4. We will tell you when ... . ☐ **a.** leave ☐ **b.** to leave

2 Relaciona cada inicio de frase con la construcción correcta

1. I let the children •

2. She was afraid •

3. Tell me where •

4. They can •

• to go

• ø go

Los verbos en ing

- **Formación:** Base verbal **+ ing**.
- **Usos:**

Al contrario que **to**, que está orientado hacia la acción, **ing** está orientado hacia la noción (ej.: smoking is not good for you ≠ I want to smoke a cigarette). Por otro lado, **ing** puede ocupar una función de nombre, ya sea como sujeto (ej.: running is a healthy habit) o como complemento (ej.: I like running). Generalmente se puede traducir un verbo en **ing** por un nombre o reemplazarlo por la expresión **el hecho de...** (ej.: el tabaquismo, el hecho de fumar).

Se utiliza detrás de los verbos **admit, avoid, consider, deny, enjoy, fancy, feel like, finish, resist, risk, spend, suggest** (ej.: I suggested going to the cinema), **las preposiciones** y adverbios como **to, without, of, at, for, before, after, by, about, instead of** (ej.: the idea of losing never crossed her mind), **los verbos con partícula** como **carry on, give up**, etc. (ej.: he carried on reading), detrás de los verbos **mind, stop, can't stand**, etc. (ej.: I can't stand waiting).

3 Señala la respuesta correcta

1. Do you enjoy **(to swim - swim - swimming)** in the ocean?
2. They went for a walk instead of **(to watch - watch - watching)** a film.
3. She was pleased **(to see - see - seeing)** me.
4. Stop **(to make - make - making)** a noise!
5. He's so funny. He always makes us **(laugh - laughing - to laugh)**.

4 Subraya las frases en las que la construcción verbal es incorrecta

1. To cook pasta is not as easy as it seems.
2. I don't want to go to the cinema.
3. Why not staying for dinner?
4. He spends most of his free time travel.
5. I don't mind to help you.
6. I don't feel like cooking tonight.
7. Do you enjoy to read detective stories?
8. To drink too much tea or wine can stain your teeth.
9. You can't make progress without making an effort.
10. Doing yoga makes her feel good.
11. He gave up smoking last year.
12. He denied to steal the car.

5 Señala la o las construcciones correctas

1. Can you help me **moving - to move - move** the sofa?
2. It started **to snow - snowing - snow** during the night.
3. We heard your dog **bark - to bark - barking** all night long!
4. I hate **to cycle - cycling - cycle** in the city.

Casos particulares

- El verbo **help** acepta tanto la construcción con **to** como con **ø** (ej.: can you help me (to) wash the car?).
- Los verbos de percepción como **hear, feel, see, watch** aceptan **ø** o **ing** (ej.: I saw her cry/crying).
- Los verbos de comienzo, continuación o finalización como **begin, start, stop, continue** y los verbos de apreciación como **hate, like, love, prefer** aceptan **to** o **ing**. (ej.: I like to play the piano - I like playing the piano).

Let's go shopping!

Del vocabulario de las compras, ya conoces la palabra **shopping**. Vale, ¡es un buen comienzo! Ahora, ¿sabes cómo se dice **carnicero, pescadero** o **panadero**? ¿Sabrías desenvolverte en una tienda? Vamos a comprobarlo con los ejercicios de más abajo. Un chiste antes de comenzar: «Most men hate to shop. That's why the men's department is usually on the ground floor of a department store – two inches from the door» (Rita Rudner). ¡Ahora te toca a ti!

6 Señala la respuesta correcta

1. ¿Cómo dirías **cuánto cuesta**?
   a. how much is it?
   b. how many is it?
   c. how does it cost?
2. La cajera te dice **do you have any change**? Quiere saber si:
   a. tienes una tarjeta de fidelización
   b. tienes suelto
   c. pagas con tarjeta
3. **The sales** significa:
   a. el stock **b**. las rebajas **c**. los vendedores
4. En Estados Unidos, la cajera te pregunta **cash or charge**? Quiere saber si:
   a. tienes un carné de identidad
   b. tienes tarjeta de fidelización
   c. pagas en efectivo o con tarjeta
5. Quieres pedir una prenda en otra talla, dices:
   a. is it in other sizes?
   b. do you have another sizes?
   c. does it come in other sizes?

7 Los comercios: completa el siguiente crucigrama después de leer las definiciones; para ayudarte, te damos la lista de las palabras que necesitas

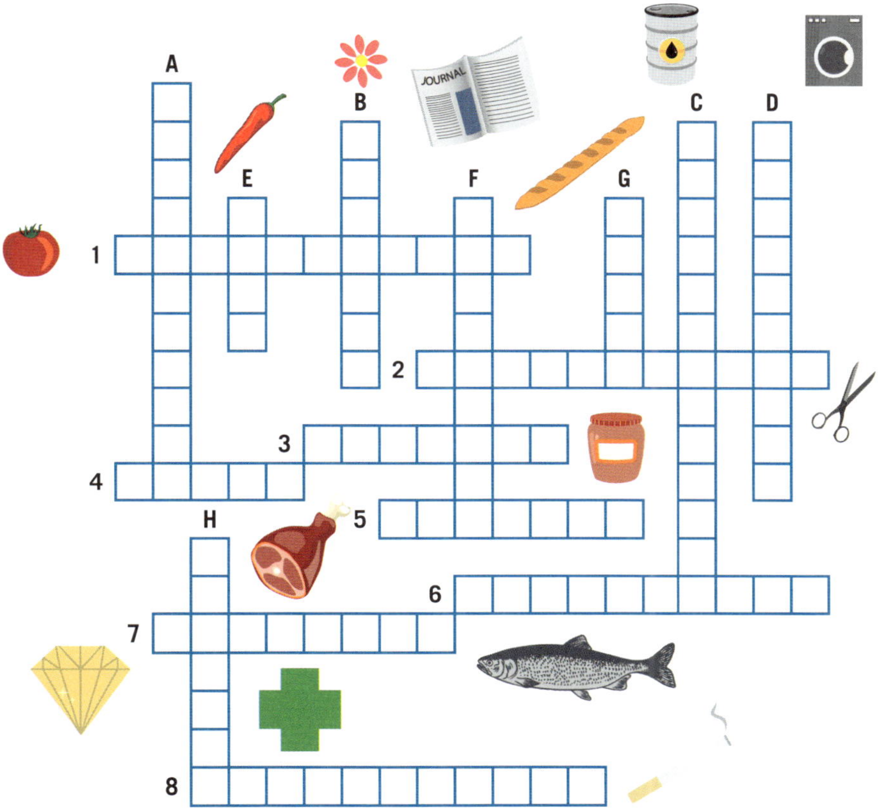

DELI
GREENGROCER
STORE
TOBACCONIST
PETROL STATION
SUPERMARKET
CHEMIST
FISHMONGER
FLORIST
LAUNDERETTE
GROCERY
HAIRDRESSER
BAKER
BUTCHER
JEWELLER
NEWSAGENT

Across

1. verdulero
2. peluquero
3. tienda de comestibles
4. grandes almacenes: «department…»
5. carnicero
6. pescadero
7. joyero
8. estanco

Down

A. supermercado
B. florista
C. gasolinera
D. lavandería
E. alimentos selectos
F. vendedor de periódicos
G. panadero
H. farmacéutico

8 Detrás de los nombres de las tiendas, se añade en general una letra, precedida de un apóstrofo: ¿cuál? Completa las frases y después señala las tiendas en las que no lo añadimos

1. I need to go to the baker' … .
2. Did you go to the butcher' … ?
3. supermarket - chemist - florist - department store

9 Completa los dos textos con las palabras siguientes

check-out, labels, order, trolley, items, cashier, delivered, basket, carrier, costs, buy, refund, customers, convenient, prices, send

1. *When you go shopping, you will need a .... or a .... bag if you do not have many things to buy. If you need to do your weekly shopping at the supermarket, you will need a .... Some .... are very careful about what they .... They read the .... and check .... , others see shopping as a real chore and want to do it as quickly as possible. When you are done with the shopping, you need to go to the .... Some of them are automatic now but many people still prefer to talk to a ....*

2. *Many people now shop online. Online shopping is .... as you do not need to move from your place. It can be done quickly too as you just click and put the .... you want into your shopping basket. The shipping .... are generally reasonable and your things are generally .... in just a few days. To place your .... you need to give your credit card number, that is why some people do not trust this kind of shopping. Online shopping can be a problem if you need to buy shoes and clothes because you can't try them on. As a consequence, you sometimes need to .... them back and ask for a ....*

El sonido [ei]

Generalmente encontramos el sonido **[ei]** con las letras **a** (ej.: late, paste, Amy), **ei** (ej.: eight), **ey** (ej.: they), **ai** (ej.: rail), **ay** (ej.: way) y **ea** (ej.: great). Pero hay excepciones...

Just for fun: para trabajar la pronunciación de este sonido, puedes repetir la célebre frase de *My Fair Lady*: «The rain in Spain stays mainly in the plain».

10 ¿En qué palabra no se escucha el sonido [ei]? Táchala

1. rain - many - favourite - lemonade
2. Spain - says - degrade - available
3. mainly - heritage - impatient - fail
4. delicate - delay - saying - amazing
5. blame - claim - marriage - foray

La grafía ea y el sonido [ei] (continuación)

La grafía **ea** se puede pronunciar **[e]** (ej.: head), **[ei]** (ej.: great), **[a]** (ej.: heart), **[i]** (ej.: read), **[ie]** (ej.: fear), **[ea]** (ej.: wear).

11 Coloca las siguientes palabras en la línea correspondiente según la pronunciación de la grafía ea de cada una de ellas

clean
PEAR breathe SWEAT ahead
peasant breath treasure ocean
swear steak bead year idea
bear hearth cleanse BEARD
create

La ea se pronuncia como en:

1. head **[e]**: ....

2. great **[ei]**: ....

3. heart **[a]**: ....

4. read **[i]**: ....

5. fear **[ie]**: ....

6. wear **[ea]**: ....

7. otras: .... + ...

Bravo, ¡has llegado al final de este capítulo! Ahora debes contabilizar los iconos y trasladar el resultado a la página 128 para la evaluación final.

7

Imperativo, elipsis y question tags

El imperativo

- **Formación:**
  - **en la forma afirmativa:** base verbal solo con las 2as personas del singular y del plural (ej.: ve (tú)/vaya (usted)/id (vosotros) ➜ go!). En otras personas, se utiliza **let** + el pronombre personal **him/her, us**, o **them** base verbal (ej.: let her come ➜ que venga / let us talk, let's talk ➜ hablemos / let them go to hell! ➜ ¡que se vayan al infierno!).
  - **en la forma negativa:** don't/do not + base verbal en las 2as personas del singular y del plural (ej.: don't go ➜ no te vayas/no se vaya/no os vayáis). En otras personas, se utiliza let + el pronombre personal **him/her, us, them + not** + base verbal (ej.: let her not speak ➜ que no hable / let's not be late ➜ no nos retrasemos).
- **Usos:** al igual que en español, sirve para dar órdenes, para hacer sugerencias o para exclamar.

1 Pon en orden las palabras para traducir las frases siguientes

1. ¡Vayamos al restaurante!	restaurant/us/the/let/to/go!	
2. ¡Que se estén tranquilos!	quiet/let/be/them!	
3. ¡No hablemos de eso!	talk/us/about/not/that/let!	

2 Pon las siguientes frases en imperativo

1. We go on holiday together. ➜ ....

2. You do not give me orders. ➜ ....

3. They arrive on time. ➜ ....

4. We do not argue about silly things. ➜ ....

5. He doesn't smoke in the building. ➜ ....

Repeticiones y elipsis

- **Función:** sirven para retomar la conversación de manera concisa, para no repetir toda la frase que acabamos de pronunciar.
- **Usos:**
  - para responder con **sí** o con **no** a una pregunta. En inglés, al **yes/no**, se le añade el sujeto + el auxiliar en el tiempo de la frase (ej.: do you like swimming? → yes, I do / have you eaten yet? → yes, I have / did you go to the cinema yesterday? → no, I didn't).
  - en respuesta a una invitación/proposición (ej.: how about going to the restaurant on Sunday? → I'd love **to**).
  - para traducir **supongo/espero** (→ I suppose **so**/I think **so**/I hope **so**).
  - para traducir **yo también (tú también, él también, etc.)** → **so** + **auxiliar o modal** + **pronombre** (ej.: I like tea, so does he / he has been to Berlin, so have I / I can swim, so can you); **yo tampoco (tú tampoco, etc.)** = **neither** + **auxiliar o modal** + **pronombre** (ej.: you shouldn't come, neither should I / they didn't sleep last night, neither did I / I haven't done the shopping, neither have you).

3 Relaciona cada pregunta con la respuesta conveniente

1. Is it going to rain? •	• **a.** Yes, I have.
2. Have you got a pet? •	• **b.** No, she doesn't.
3. Will you come tonight? •	• **c.** I think so.
4. Does your sister smoke? •	• **d.** I'd love to.

4 Responde a las preguntas siguientes utilizando una respuesta elíptica, como en los ejemplos

Ej.: Have you ever been to Japan? (no) → No, I haven't.
Ej.: Is he married? (yes - think) → Yes, I think so.

1. Did you go to the concert last night? **(no)** → ....

2. Do you think the weather will be fine? **(yes - hope)** → ....

3. Does she have a car? **(yes)** → ....

4. Is he English? **(no)** → ....

5 Reformula las frases siguientes expresando «yo tampoco» o «yo también» con una estructura elíptica, como en los ejemplos

Ej.: She has a headache. I have a headache too. → so have I.
Ej.: I will not come. You will not come either. → neither will you.

1. You are sad. I am sad too. → ....
2. He has been to Japan. I have been too. → ....
3. She didn't sleep well last night.
   I didn't sleep well last night either. → ....
4. They can play the piano. I can play the piano too. → ....
5. You ate sushi for lunch. I ate sushi for lunch too. → ....

Question tags

- **Naturaleza y función:**

Los **tags** son pequeños enunciados interrogativos de final de frase, muy utilizados en inglés. Se emplean para **pedir confirmación** (sentido = ¿es que sí o es que no?, vale, ¿no?, ¿sí?, ¿eh?).

- **Formación:**

Si el **auxiliar**, el **modal** o el **verbo** se utilizan en la forma afirmativa, este tomará la forma negativa. Se responde con la forma afirmativa si está en la forma negativa. En los dos casos, se conserva el mismo tiempo y, si no hay auxiliar en la frase, se utiliza **do** o **did** para sustituir al verbo, ya sea para formar una frase afirmativa o negativa normal (ej.: she's 40, isn't she? / you like coffee, don't you? / you didn't go to the party, did you? she doesn't like porridge, does she? / you can swim, can't you?).

Casos particulares

- **Las frases con have**

– **si have es auxiliar** en presente perfecto, se utiliza **have** para el tag (ej.: she has been to Russia, hasn't she?).

– **si have es un verbo de posesión**, se utiliza **do** o **did** para el tag (ej.: we have plenty of time, don't we?).

– en la expresión **have to**, que significa **must, have** funciona como un verbo. Se utiliza entonces **do** o **did** para el tag (ej.: she had to leave, didn't she?).

- **A tener en cuenta:**

– las palabras como **no, none, rarely, never** convierten la frase en negativa, aunque el verbo de la frase esté en afirmativa (ej.: she has no pets, does she?).

– detrás de un imperativo, se puede responder con **will you?** o **would you?** para pedir a alguien que haga algo.

– el tag para el imperativo **let's** es **shall we?**

6 Escribe el tag que mejor convenga

1. Pass me the salt, ... ?
2. She doesn't have a boyfriend, ... ?
3. He went on holiday to Brazil, ... ?
4. Let's go bowling tonight, ... ?
5. I guess she has no choice, ... ?

¿SÍ? ¿eh?
¿no es así?
¿no?
¿VERDAD?

Países y nacionalidades

Recuerda: los nombres de los países no van precedidos del artículo **the**, salvo the United Kingdom, the USA, the Netherlands y the Lebanon.

7 Pon las letras en orden para encontrar los nombres de los siguientes países

1. Alemania: **YRAMENG** ....
2. España: **IPASN** ....
3. Japón: **NAJPA** ....
4. Turquía: **RUTEYK** ....
5. Noruega: **WROYNA** ....

9 Separa las palabras para enumerar los países que componen el Reino Unido

walesirelandenglandscotland

....

....

8 Señala la respuesta correcta

1. Italia = ...
   a. Itally b. Italia c. Italy
2. Argelia = ...
   a. Argelia
   b. Algeria
   c. Algerie
3. Suiza = ...
   a. Swiss
   b. Switzerland
   c. Swisserland
4. Dinamarca = ...
   a. Denmark
   b. Danmark
   c. Denmarck

Las nacionalidades

- **Los adjetivos de nacionalidades**

Terminan generalmente en **sh/ch** (ej.: French, Spanish, English), **ese** (ej.: Chinese, Burmese) o **an** (ej.: American, German).

- **Los nombres de nacionalidades**

Hay tres grandes tipos de desinencias para formarlos:

– **man/men** para los adjetivos de nacionalidad que terminan en **sh/ch** (ej.: an Irishman, two Irishmen). No obstante hay que aprenderse algunas excepciones (ej.: Poland ➜ Polish ➜ a Pole).Para designar a un conjunto de personas de una cierta nacionalidad (los ingleses, los chinos, etc.) se utiliza el adjetivo de nacionalidad precedido del artículo **the** (ej.: the English, the French). Ten en cuenta que se puede expresar la misma idea añadiendo el nombre **people** a los adjetivos de nacionalidad, pero sin **the** (ej.: English people, Chinese people).

– **an** para los adjetivos que terminan en **an** (ej.: an Australian, a Canadian). En plural, estos nombres de nacionalidades acaban en **s** (ej.: Australians, Canadians).

– **ese** (ej.: a Chinese). No se hace ninguna modificación para el plural (➜ the Chinese).

- **Observaciones:**

– los nombres y adjetivos de nacionalidades se escriben con mayúscula inicial.

– algunos nombres y adjetivos de nacionales no siguen ninguno de los esquemas anteriores; veremos algunos en los ejercicios de más abajo.

10 Señala la o las respuestas correctas

1. Duncan is from Edinburgh. He is...

a. a Scots **b.** a Scot **c.** Scotish **d.** Scottish

2. Someone coming from Denmark is...

a. a Danishman **b.** a Danish
c. a Dane **d.** a Danese

3. ... eat a lot of cabbage.

a. The German **b.** German people
c. The Germans **d.** Germanmen

4. Juan comes from Madrid. He is...

a. Spanish **b.** a Spaniard man
c. a Spaniard **d.** a Spanishman

5. «If ... gets run down by a truck he apologizes to the truck.» (Jackie Mason, evocando la legendaria cortesía inglesa)

a. an English **b.** an England man
c. an Englishman

11 Completa los espacios con as o like

1. His sister looks .... the first lady.
2. She was hired .... a consultant.
3. I took two tablets a day, ... the doctor ordered. I feel better now.
4. You look beautiful, this dress fits you .... a glove.
5. He eats .... a horse!

Las grafías sh/ch

La grafía **sh** se pronuncia **[sh]** (ej.: shine, shoe) mientras que **ch** se pronuncia **[ch]** (ej.: cheese, child).

¿As o like?

Para hacer una comparación entre dos elementos y traducir **como**, se utiliza **as** o **like**.

– **Like** expresa un **parecido**. Se utiliza delante de un nombre o un pronombre (ej.: he swims like a shark).

– **As** expresa una **identidad** entre dos elementos. Se utiliza delante de las proposiciones verbales (ej.: nobody sings as he does). También se emplea para precisar una **función** o un **papel** (➜ en tanto que...). Funciona entonces como una preposición y se utiliza delante de un nombre (ej.: he worked as a shop assistant for two years).

12 Coloca las siguientes palabras en la tabla

zapato - sábana - patata frita - cheap - chop - ship - oveja - chew - cheat - tienda

ESPAÑOL / INGLÉS	INGLÉS / ESPAÑOL
1. barco ➜	6. chip ➜ ....
2. trampa ➜	7. sheet ➜ ....
3. barato ➜	8. sheep ➜ ....
4. trocear ➜	9. shop ➜ ....
5. masticar ➜	10. shoe ➜ ....

Bravo, ¡has llegado al final de este capítulo! Ahora debes contabilizar los iconos y trasladar el resultado a la página 128 para la evaluación final.

8

Sustantivos

El plural de los sustantivos

En general, los sustantivos o nombres en plural añaden una **s** final, como en español. Pero existen unos cuantos cuyo plural es irregular:

- algunos cambian de vocal (ej.: foot ➜ feet)
- los nombres que terminan en **x, s, sh** o **ch** añaden **es**, salvo los nombres de nacionalidades (ej.: dish ➜ dishes)
- los nombres que terminan en **y** hacen el plural en **ies**, salvo si la **y** está precedida de una vocal (ej.: baby ➜ babies, pero key ➜ keys)
- los nombres que terminan en **f, fe, lf** hacen el plural en **ves** (ej.: knife ➜ knives)
- los nombres que terminan en **o** hacen el plural en **oes** (ej.: tomato ➜ tomatoes)
- Son **raras las palabras** que **no añaden s** en plural (ej.: fish)
- algunos nombres en **apariencia plurales** van **seguidos de un verbo en singular**. Este es el caso especialmente de los nombres de disciplinas que terminan en **ics** (ej.: physics is not her favourite subject ➜ la física no es su asignatura favorita / the news is good ➜ las noticias son buenas)
- algunos nombres **singulares** terminan en **s** (ej.: the bike is a good means of transport)
- algunos nombres **singulares** funcionan como **colectivos** y van seguidos generalmente de un **verbo en plural** (ej.: the police are looking for the murderer)

1 Escribe el plural de las siguientes palabras

1. mouse : ....
2. tooth : ....
3. goose : ....
4. studio : ....
5. woman : ....
6. leaf : ....
7. lady : ....
8. wife : ....
9. man : ....
10. potato : ....
11. knife : ....
12. child : ....
13. wolf : ....
14. family : ....
15. sheep : ....
16. shelf : ....

Nombres contables e incontables

- La mayoría de los nombres son **contables:** se pueden contar (ej.: one chair, two chairs, three chairs, etc.)
- Los nombres **incontables** forman un conjunto: no se pueden contar (ej.: rain)

– son incontables: las materias, materiales y tejidos (ej.: glass, iron, velvet), los alimentos y productos (ej.: milk, toast, meat, bread, fruit), los nombres abstractos y las nociones generales (ej.: fear, chage, love, advice, evidence, progress, society), los nombres que tienen un sentido colectivo (ej.: pelo, mobiliario, equipaje).

– no se utilizan **nunca** con el artículo indefinido **a/an** ni con números, no se ponen en plural, por lo tanto **no añaden una s** y van seguidos de un verbo en singular (ej.: sus cabellos son grises ➜ his hair is grey). Para aislar una unidad de un incontable, se utilizan expresiones como **a piece of, a mode of, a kind of, a type of** o un cuantitativo como **some, little** o **much** (ej.: a piece of advice, some furniture, a lock of hair, a type of leather).

2 ¿Son incorrectas algunas frases de la lista siguiente? Señálalas

1. I had a fruit for dessert.
2. My pant is too large.
3. Her favourite class is economic.
4. This piece of equipment is old.
5. The toasts are delicious.
6. The rubbish is collected twice a week.
7. He showed a remarkable honesty.
8. I had three chewing-gums today.
9. There isn't much furniture in his flat.
10. I love sushi.
11. My luggages are heavy.
12. His politics is rather left-wing.

3 Relaciona cada expresión con el incontable que le corresponda

1. a bar of	a. trousers
2. a slice of	b. grapes
3. a pair of	c. chocolate
4. a bunch of	d. salt
5. a pinch of	e. bread

4 Señala la o las respuestas correctas

1. a. the pastas are good
   b. the pasta are good
   c. the pasta is good
2. The police have...
   a. two pieces of evidence
   b. an evidence
   c. evidences

Vocabulario del cuerpo y de la salud

Sin duda ya conoces la palabra **body**, que significa **cuerpo**. Pero, ¿sabes cómo se llaman las partes del rostro y del cuerpo? Un chistecito antes de pasar a cosas serias: «If your feet smell and your nose runs, you're built upside down!». ¡Ahora te toca ti!

5 Completa los esquemas con la ayuda de las palabras que te proporcionamos

A.

neck / eye / cheek / nose / chin / mouth / hair / forehead / ear / throat

1 .... 6 ....

2 .... 7 ....

3 .... 8 ....

4 .... 9 ....

5 .... 10 ....

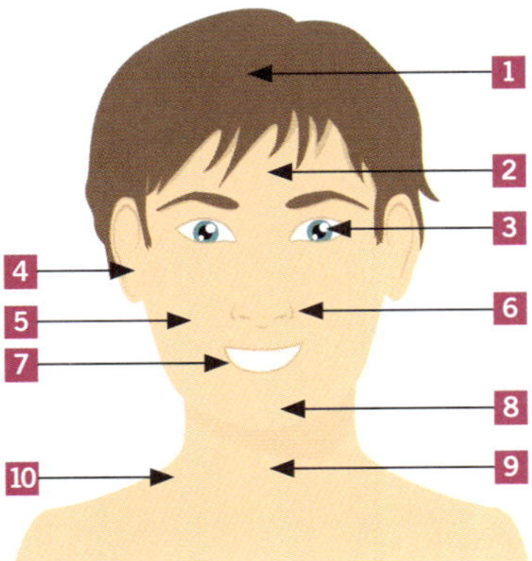

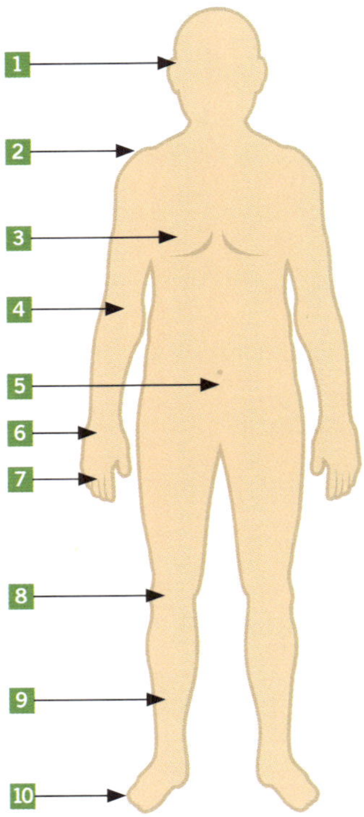

B.

foot / knee / head / shoulder / arm / chest / belly / fingers / hand / leg

1 ....

2 ....

3 ....

4 ....

5 ....

6 ....

7 ....

8 ....

9 ....

10 ....

6 Separa las palabras correctamente para encontrar la traducción de las siguientes palabras; después escribe las palabras en el orden de la traducción

enfermera / toser / fiebre / catarro / pastilla / medicina / enfermo / receta / gripe / salud

coldprescriptionflutabletphysicianfeverhealthsickcoughnurse

....

....

7 Señala la respuesta correcta

1. Te duele la garganta: my...
   a. thraot is soar **b**. throat is sore
   c. throught is sour
2. Te duele la cabeza:
   a. My head makes bad.
   b. I have a bad head.
   c. I have a headache.
3. Te gotea la nariz: my nose is...
   a. butched **b**. heavy
   c. stuffed **d**. runny
4. Te duele el oído: my ear...
   a. is ache **b**. hurts **c**. hearts **d**. pains
5. Te duele la espalda. ¿Qué frase es la incorrecta?
   a. I've got a backache.
   b. I've got a pain in my back.
   c. My back hurts.
   d. My back makes pain.

8 Busca el significado de las siguientes siglas

1. **G.P.**
   a. General Practitioner
   b. Gynaecological Practice
   c. Genetic Profile
2. **TB**
   a. Tissue Biopsy
   b. Temporary Paralysis
   c. Tuberculosis
3. **AIDS**
   a. Acquired Immunodeficiency Syndrome
   b. Anaemia, Infection, Depression and Stress
4. **STD**
   a. Symptoms of Traumatic Disorder
   b. Sexually Transmitted Disease
5. **DNA**
   a. Deoxyribonucleic Acid
   b. Dehydration, Nausea and Amnesia

¿British o Yankee?

La diferencia entre el **inglés británico** y el **inglés americano** es muy sutil en el habla. Sin embargo, hay diferencias ortográficas. Las palabras que terminan en **our** en inglés terminan en **or** en americano (ej.: neighbor, color, favor) por ejemplo. Pero sobre todo hay que saber que las diferencias comienzan con el vocabulario en sí, como vas a comprobar al realizar los siguientes ejercicios.

9 Reconstruye los pares de palabras inglesas/americanas colocando los elementos siguientes en el grupo correcto (respeta el lugar de cada palabra equivalente)

holiday
fall
flat
cookies
truck
subway
cab

INGLÉS

autumn
lorry
....
biscuits
underground
....
taxi

AMERICANO

....
....
apartment
....
....
vacation
....

10 Encuentra las palabras inglesas o americanas con la ayuda de las pistas

	Equivalente inglés	Pista	Equivalente americano
1.	shop	ST • • E	
2.	jumper	SW • • • ER	
3.	football	SO • • ER	
4.	stupid	DU • •	
5.		• • GRY	mad

11 Relaciona las palabras inglesas con sus equivalentes americanas

1. bill •	• **a.** check
2. lift •	• **b.** movie
3. trainers •	• **c.** elevator
4. film •	• **d.** French fries
5. chips •	• **e.** sneakers

El sonido [o]

Se pueden pronunciar **[o]** las siguientes grafías: **aw, au, or, a, ou, oar, oo** (ej.: raw, taught, daughter, born, war, roar, bought, door). Pero esto no es sistemático...

12 ¿En qué palabra no se escucha el sonido [o]? Táchala

1. torn - soar - wood - corn

2. laugh - caught - fought - board

3. scorn - favour - boar - floor

4. thorn - thought - law - flour

13 Señala las cuatro palabras en las que se escucha el sonido [o]

FOOL awful born

out sought WOLF

El sonido [u]

Generalmente escuchamos el sonido **[u]** con las grafías siguientes: **ew** (ej.: flew), **oo** (ej.: spoon), **ue** (ej.: blue), **ui** (ej.: fruit), **ou** (ej.: group), **u** (ej.: flu), **oe** (ej.: shoe). Pero esto no es sistemático...

14 Localiza el intruso

1. cook - look - full - hour
2. zoo - crew - bubble - true
3. cool - glue - suit - toe
4. soup - flood - rude - cruise

15 Señala las cinco palabras en las que se escucha el sonido [u]

rude juice soon

blood biscuit pour drew

foul sue

16 ¿Verdadero o falso? Lee las propuestas y señala la casilla correcta

1. **drew** rima con **you** y **blue**. ☐ VERDADERO ☐ FALSO
2. **put** rima con **cut**. ☐ VERDADERO ☐ FALSO
3. **flour** rima con **sour** y **hour**. ☐ VERDADERO ☐ FALSO
4. Se escucha el sonido [u] en **pool** y **pull**. ☐ VERDADERO ☐ FALSO

Bravo, ¡has llegado al final de este capítulo! Ahora debes contabilizar los iconos y trasladar el resultado a la página 128 para la evaluación final.

9
Artículos

No se pone artículo (ø) delante de...

... los **plurales que designan una generalidad** (ej.: I'm afraid of snakes), los **incontables** (como life, water, bread, wood, etc.) **que expresan una idea general** (ej.: love is complicated / wood is used to make furniture), los **nombres propios** y los **títulos oficiales** (ej.: President Obama, Queen Elizabeth), los **nombres de países** (ej.: France, Germany, etc.) **salvo** the United Kingdom, the USA, the Netherlands y the Lebanon, los **lugares** y los **nombres de instituciones** consideradas en su función (ej.: school, hospital, work, prison, home), los **objetos numerados** (ej.: page 60), los **deportes** (ej.: I played football when I was a child), las **expresiones con all** (ej.: all day, all night long), **last** y **next** (ej.: I went to China last year).

1 Elige y señala la respuesta correcta

1. It's cold today. Don't leave the house without ... coat. ☐ **Ø** ☐ **a** ☐ **the**
2. ... animals are not allowed in the building. ☐ **Ø** ☐ **the**
3. They are getting married. What ... wonderful surprise! ☐ **Ø** ☐ **a** ☐ **the**
4. It would be impossible to live without ... Internet today. ☐ **Ø** ☐ **the**
5. His wife doesn't have ... sense of humour. ☐ **Ø** ☐ **a** ☐ **the**

2 Completa las traducciones siguientes con la ayuda de un artículo o escribe ø

1. **¿Está tu papá en casa?**
→ Is your dad .... home?
2. **Pablo compró un coche la semana pasada.**
→ Paul bought a car .... last week.
3. **Voy a trabajar en metro.**
→ I take .... underground to go to work.
4. **Ella odia caminar bajo la lluvia.**
→ She hates to walk in .... rain.

El artículo «the» se utiliza...

... cuando se habla de un **objeto conocido o deducible** por el contexto (ej.: where is the cat? → el mío, el nuestro), con **cosas que forman parte de la experiencia de cada uno (ej.:** the bus, the dentist), delante de los nombres de los **elementos naturales** (ej.: the weather, the sun), con las **formas de diversión** (ej.: the theatre, the cinema, the radio, salvo Ø television), con las **invenciones científicas** (ej.: the computer has become vital), y los **instrumentos musicales** (ej.: he plays the guitar).

Se pone el artículo indefinido «a»...

... cuando hablamos de un **objeto no conocido o identificado** (ej.: I need a knife ➜ cualquiera, ninguno en particular), delante de los **nombres de materias, estatus y funciones** (ej.: she is a teacher / he is here as an official / don't use your knife as a toothpick), delante de algunas **«características»** como la religión (ej.: a Catholic, a vegetarian, a lesbian), en las **expresiones «sin + nombre»** (ej.: it's hard to live without a car ➜ es duro vivir sin coche), en las **expresiones exclamativas** (ej.: it's such a beautiful car! / what a nice car!), y en **expresiones a memorizar** (ej.: to be in a coma, to make a fire, etc.).

3 Encuentra los errores y reescribe las frases correctamente

1. Her husband is an architect. What beautiful house they have!

   ➜ ....

2. The baby has fever, he cried all the night.

   ➜ ....

3. The religion can be a problem in couples. His mother doesn't like that his wife is a Protestant.

   ➜ ....

4. We're in the room 35.

   ➜ ....

5. The chocolate that we bought yesterday is delicious. I love the milk chocolate.

   ➜ ....

4 Completa las frases siguientes colocando los artículos ø, a(n) o the

1. She plays .... piano.
2. .... President Kennedy was killed in Dallas.
3. I can't play .... tennis.
4. I generally don't like .... glasses but I love .... glasses you're wearing.
5. **Just for fun:** «I can resist everything except .... temptation.» (Oscar Wilde)

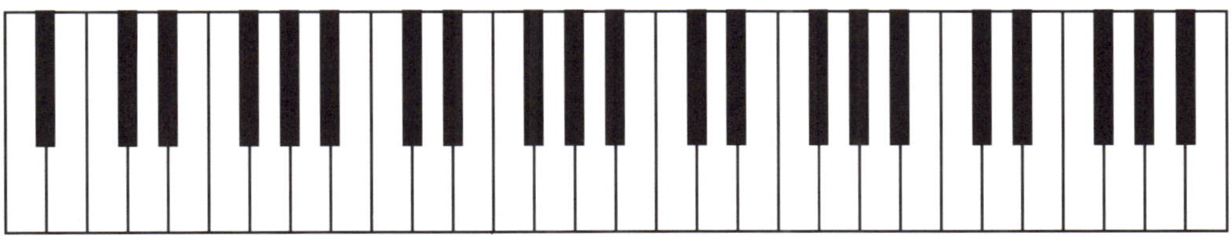

Frases hechas y expresiones habituales

¿Confundes **I don't mind** y **I don't care**? ¿Qué significan **You can't have your cake and eat it, Bless you, Never mind, What a pity**? ¿Entiendes estas expresiones idiomáticas, pero no recuerdas su significado? ¡Es el momento de revisarlas!

5 Encuentra el o los equivalentes de las expresiones de aquí abajo

1. En un abrir y cerrar de ojos
- **a.** An eye for an eye
- **b.** In a pig's eye
- **c.** In the blink of an eye
- **d.** Easy on the eye

2. Está chupado
- **a.** As easy as ABC
- **b.** Easy come easy go
- **c.** Easy touch
- **d.** As easy as pie

3. Está en el bote
- **a.** It's in the bag
- **b.** It's in the pocket
- **c.** It's a no-loser
- **d.** It's a raw deal

6 Relaciona las siguientes frases con su equivalente español

1. Like father like son
2. That's the way the cookie crumbles
3. Better safe than sorry
4. To be in a pretty pickle
5. You can't have your cake and eat it

- **a.** Mejor prevenir que lamentar
- **b.** No se puede estar en misa y repicando
- **c.** Estar metido en un buen lío
- **d.** Así es la vida
- **e.** De tal palo, tal astilla

7 Escribe las siguientes palabras para reconstruir estas cinco frases hechas

camel
tea
bush
way
fish

Refrán inglés	Equivalente español
1. Where there's a will there's a	Si se quiere, se puede
2. There are plenty of .... in the sea	El mar está lleno de peces
3. For all the .... in China	Por todo el oro del mundo
4. It's the straw that breaks the .... 's back	Es la gota que colma el vaso
5. To beat about the	Andarse con rodeos

8 Encuentra las letras que faltan para reconstruir las siguientes frases hechas

Refrán inglés	Equivalente español
1. To paint the town r _ _	Salir de marcha
2. Boys will be b _ _ s	Cosas de niños
3. Practice makes per _ _ ct	La práctica hace al maestro
4. It's just p _ _ in the sky	Son castillos en el aire

9 Marca la traducción correcta

1. Bless you!
- **a.** ¡Salud!
- **b.** ¡Te extraño!
- **c.** ¡Dios te bendiga!

2. I'm positive.
- **a.** Soy optimista.
- **b.** Estoy de acuerdo.
- **c.** Estoy seguro.

3. To give a hand.
- **a.** Aceptar en matrimonio.
- **b.** Ayudar.
- **c.** Dar la mano.

4. No me importa.
- **a.** I don't matter.
- **b.** I don't care.
- **c.** I don't mind.

5. No me molesta.
- **a.** I don't matter.
- **b.** I don't care.
- **c.** I don't mind.

10 Relaciona las expresiones habituales con su equivalente en español

1. Look out! •	• **a.** ¡Cuánto tiempo sin verte!
2. Never mind! •	• **b.** ¡Estoy harto!
3. I'm fed up! •	• **c.** ¡Qué pena!
4. What a pity! •	• **d.** ¡Cuidado!
5. Long time no see! •	• **e.** ¡No importa!

Vocabulario de viaje y vacaciones

El verbo viajar se dice **to travel**. La palabra **travel** es un incontable (por tanto, no podemos decir **a travel** para traducir un viaje). Se utiliza para ello **a trip** (para un viaje más bien corto) o **a journey** (para un viaje más bien largo). Para decir que vamos a hacer un viaje, se puede utilizar la expresión **to make/to take a journey/trip**, o bien **to go on a journey/trip**.

11 Completa los dos textos con las palabras siguientes

travel, airport, train, departure, luggage, ticket, plane, flight, passport, check, hotel, rent, guide, map, museums, castles, monuments, postcards, bike, foot, guesthouse, sightseeing, travel agency, package, camping

1. *You can .... for work or for pleasure, by car, by .... or by .... If you go abroad, you'll need a .... and will generally fly there. You can buy your .... online. You'll need to get to the .... a few hours before the .... , to register your .... and go through the security .... Let's hope you won't get sick during the .... !*

2. *When going on holidays, those who do not want to book a .... or deal with transport go to a .... and choose a .... holiday. Those who like Nature generally go .... and sleep in a tent. Many people go .... , which means that they want to see all the interesting places like .... , ... , and .... They generally .... a car, or they just go by .... or on .... and visit the places with a .... book and a street .... To show their families and friends what they are visiting, people like to send .... Hotels are sometimes seen as a bit cold and impersonal, that's why more and more people like to stay at a ....*

12 Localiza el intruso

1. food - door - moose - too

2. mood - blood - goose - wood

3. floor - book - good - soot

La grafía oo

La grafía **oo** se puede pronunciar **[u]** (ej.: school), **[o]** (ej.: door) y, más raramente, **[a] cerrada** como en duck (ej.: flood).

13 Coloca las siguientes palabras según la pronunciación de las letras ou

courage announce journal SOUTH young soup your trouble account couple course pour enormous you brought tourist country

La grafía ou

La grafía **ou** se puede pronunciar **[ao]** (ej.: thousand), **[o]** (ej.: four), **[u]** (ej.: group), **[a] cerrada** (ej.: enough), **[eo]** (ej.: although), **[e] cerrada** (ej.: journey).

La **ou** se pronuncia como en:

1. thousand **[ao]:** ....

2. four **[o]:** ....

3. group **[u]:** ....

4. enough **[a cerrada]:** ....

5. journey **[e cerrada]:** ....

14 ¿Verdadero o falso? El grupo de letras ou se pronuncia de la misma manera en...

1. courage - double - trouble ☐ VERDADERO ☐ FALSO

2. about - shout - mouse ☐ VERDADERO ☐ FALSO

3. through - resource - youth ☐ VERDADERO ☐ FALSO

Bravo, ¡has llegado al final de este capítulo! Ahora debes contabilizar los iconos y trasladar el resultado a la página 128 para la evaluación final.

10

Cuantificadores

Los cuantificadores

Como su propio nombre indica, los cuantificadores sirven para indicar una cantidad. Para elegir el adecuado, hay que saber si el nombre es contable **(cont.)** o incontable **(incont.)**.

- **ninguno: not any/no + cont. o incont.** (ej.: I have no money - I don't have any money / I have no pets - I don't have any pets)
- **poco: little + incont.** (ej.: there's little milk left) o **few + cont. plural** (ej.: few shops sell this type of coffee)
- **un poco de: a little + incont.** (ej.: I like a little cheese on pasta) o **a few + cont. plural** (ej.: he ate a few cookies)
- **algo, algo de, algún: some + cont. o incont.** en la forma afirmativa (ej.: I need some fruit to make a salad), **any + cont. o incont.** en las formas interrogativa y negativa (ej.: do you have any brothers and sisters? / I don't have any money)
- **mucho: much/a lot of + incont.** (ej.: I have much/a lot of work), **many/a lot of/lots of + cont. plural** (ej.: she has many cats / there were lots of people at the concert) o **plenty of + cont. o incont.** (ej.: there are plenty of irregular verbs)
- **todo: all the + incont.** (ej.: I drank all the water), **all (the) + cont. plural** o **every + cont. singular** (ej.: all my friends are married / I need to take two tablets every hour)
- **demasiado: too much + incont.** (ej.: don't put too much sugar in my coffee, please) o **too many + cont. plural** (ej.: there are too many books to read!)

1 Señala los errores que se han colado en las siguientes frases

1. I need any milk.
2. I have little time, only a few minutes.
3. Do you have some change?
4. I need a few chairs.
5. Have you seen anyone you know?
6. He doesn't have some friends.
7. I'd like a little peanuts and a little water.
8. We have plenty of time.
9. The children have had too much sweets.
10. She always has a lots of cash in her bag.

2 Coloca donde convenga los siguientes cuantificadores: some - many - any - a little

1. «With .... help from my friends» is a song by the Beatles.
2. How .... people have you invited?
3. This cake looks delicious. I'd like ....
4. Is there .... news?

Otros determinantes de cantidad

- **todo/completo/entero: all the + cont. o incont. singular o plural** o **a/the whole + cont. singular** (ej.: I ate all the sweets / I ate all the cake / I ate the whole cake)
- **ambos: both o the two. Both** (➜ los dos a la vez) asemeja, mientras que **the two** diferencia (ej.: the two sisters are very different / both sisters speak Chinese)
- **muchos: several + cont. plural** (ej.: many people have several cars nowadays)
- **bastante: enough.** Como **adjetivo** se coloca delante del nombre (ej.: there is not enough water / there are not enough chairs). Como **adverbio** se coloca detrás del adjetivo (ej.: this beer is not cold enough)
- **la mitad: half (of) the + cont. plural o singular o incont.** (ej.: half (of) the people interviewed had no opinion / half (of) the information was wrong)
- **otro: antoher + cont.** (ej.: these apples are delicious, I'd like another one).
- **o… o: either… or + cont. o incont.** (ej.: you can have either cheese or cookies)
- **ni… ni: neither… nor + cont. o incont.** (ej.: I'm not very hungry, I want neither cheese nor cookies)

3 Escribe los siguientes cuantificadores en el lugar adecuado: too much, all, enough, a few, no

1. The Police have .... information to catch the killer.

2. There are .... slices of pizza left in the fridge.

3. She watches TV .... the time.

4. The acronym T.M.I. means «...................... information».

5. Don't worry. There is .... cause for alarm.

4 Los cuantificadores están señalados porque no están en el lugar correcto. Traza una flecha desde los círculos azules para dirigir cada uno a su lugar apropiado

1. We'll never be ready.
We don't have (all) time.

2. Would you like (enough) beer ?

3. Don't believe (both) the things she says !

4. I can't choose. I like (another) cars.

5 Completa las frases colocando los elementos siguientes en el lugar que convenga

many / both / the whole / either... or / every / several / plenty of / half

1. You can have .... cheese .... dessert, not ....
2. I know they have .... children but I can't remember how .... exactly. I think they have three.
3. I was so hungry I ate .... cake and .... of the watermelon all by myself.
4. .... driver should know how to change a wheel.
5. Stay for dinner, I've made .... food!

Números y medidas

¿**One hundred** o **one thousand**? ¿**Fifty** o **fifteen**? ¿Cómo pronunciar **1995**? ¿Cuánto es una **mile**, una **pint**? Generalmente los números y las medidas son un quebradero de cabeza. Los ejercicios siguientes te ayudarán a repasarlos.

6 Responde a las siguientes preguntas

1. Termina de escribir los siguientes números:
   a. **30 → thir** ....
   b. **13 → thir** ....

2. a. **100 → one** ....
   b. **1000 → one** ....

3. **1956** se dice:
   a. ninety fifty-six
   b. nineteen fifty-six
   c. nineteen fifteen-six

4. ¿Cómo se dice **30.000**?
   a. thirty
   b. thirty thousands
   c. thirteen thousands
   d. thirty thousand

5. ¿Cómo se dice **3.5**?
a. three dot five
b. three point five
c. three spot five

6. ¿Cómo se dice **205** en la frase «there were 205 people in the room»?
   a. two o five
   b. two hundred and five
   c. two hundred five

7. Uno de los enunciados tiene un error, encuéntralo:
   a. there were two thousands people at the concert
   b. thousands of soldiers were killed in this war

8. ¿Cómo se dice **7.2 %**?
   a. seven point two percent
   b. seven dot two percents
   c. seven point two pourcents

9. ¿Cómo se dice **2005**?
   a. two thousand and five
   b. two thousand five
   c. twenty thousand five

7 Escribe th, st, rd, nd detrás de los siguientes ordinales para traducir primero, segundo, etc., y después escríbelos con todas las letras

	Español	Abreviaturas inglesas	Inglés, en letras
1.	el 1er	the 1.......	the ....
2.	el 2^{e}	the 2.......	the ....
3.	el 3^{e}	the 3.......	the ....
4.	el 12^{e}	the 12.......	the ....
5.	el 18^{e}	the 18.......	the ....

8 Elige la respuesta correcta entre las siguientes medidas

1. 1 mile corresponde a...

a. 1 km
b. 1,6 km
c. 160 m
d. 16 km

2. 1 inch corresponde a unos...

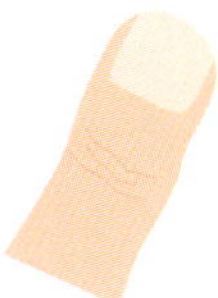

a. 2,5 cm
b. 50 cm
c. 25 cm
d. 2,5 m

3. 1 foot corresponde a unos...

a. 3,5 cm
b. 3,5 m
c. 350 m
d. 30,5 cm

4. ¿A cuánto corresponde 1 pound?

a. aproximadamente 4,5 kg
b. aproximadamente 450 g
c. aproximadamente 45 g

5. Una English pint representa unos...

a. 25 cl
b. 55 cl
c. 33 cl
d. 1 l

6. One gallon equivale a unos...

a. 40 l
b. 4 l
c. 40 cl

9 Traduce completando las palabras o señalando la(s) respuesta(s) correcta(s)

1. 1/2 : one _ _ L _

2. 1/3 : one _ H _ _ D

3. 1/4 : one Q _ A _ T _ R

4. 1/10 : one _ _ N T _

5. Uno de cada tres (como en la frase «uno de cada tres niños come en el colegio»)

a. one on three
b. one out of three
c. one in three

10 Lee el texto de los bocadillos y responde a las preguntas

1. Escribe en cifras el número de teléfono de John: ....

2. Escribe su dirección de correo electrónico: ....

3. Escribe el número de teléfono de Tom tal como se pronuncia al hablar:

....

4. Escribe su dirección de correo electrónico tal como se pronuncia al hablar:

....

11 Completa la tabla: ordena las letras mayúsculas para traducir las siguientes palabras

1.	una vez	EONC	
2.	dos veces	IETWC	
3.	tres veces	THREE SEMIT	
4.	cinco veces	VIEF ITSME	
5.	veinte veces	WTETYN MESTI	

La letra u y el sonido [u]

La letra **u** se pronuncia a veces **[a] cerrada** (ej.: duck), **[u]** (ej.: put), **[e] cerrada** (ej.: focus), **[iu]** (ej.: unite). La grafía **ur** se puede pronunciar **[iu]** (ej.: pure) o **[e] cerrada** (ej.: Arthur, surface)

12 Coloca las siguientes palabras en función de la pronunciación de la letra u

bull universal urban SECURE jury urge nut virus bury unique figure luck immature cure full bonus university OCCUR summer sun

La letra **u** se pronuncia como en:

1. put **[u]:** ....

2. duck **[a cerrada]** ....

3. unite **[iu]:** ....

4. focus **[e] cerrada:** ....

La grafía **ur** se pronuncia como en:

5. Arthur **[e] cerrada:** ....

6. pure **[iu]:** ....

Una palabra tiene otra pronunciación:

7. ....

13 Señala las palabras en las cuales la letra u no se pronuncia

biscuit useful fortunate January guess universal build luggage buy guardian

Bravo, ¡has llegado al final de este capítulo! Ahora debes contabilizar los iconos y trasladar el resultado a la página 128 para la evaluación final.

11

Comparativo y superlativo

El comparativo (más que..., menos que...)

Existen 4 tipos principales de comparativos:

- **El comparativo de inferioridad (menos... que): less** + adjetivo largo + **than** (ej.: my car is less expensive than yours) o **not so/not as** + adjetivo corto o largo + **as** (ej.: your car is not as cheap as mine)
- **El comparativo de igualdad (tan... como): as** + adjetivo largo o corto + **as** (ej.: Amy is as pretty/talkative as her sister)
- **El comparativo de superioridad (más... que): more** + adjetivo largo + **than** (ej.: this film was more interesting than I thought) o adjetivo corto + **er** + **than** (ej.: this exercise is easier than the previous one)
- **El comparativo doble**, que sirve para expresar:
  - **cada vez más: more and more** + adjetivo largo (ej.: petrol is more and more expensive) o adjetivo corto + **er** + **and** + adjetivo corto + **er** (ej.: computers are cheaper and cheaper)
  - **cada vez menos: less and less** + adjetivo corto o largo (ej.: he is less and less shy/careful)

A tener en cuenta: existen algunos adjetivos cuyo comparativo de superioridad es irregular. Los dos principales son **well/good (better)** y **bad (worse)**.

Observación: se consideran cortos los adjetivos de una sílaba y los de dos sílabas que terminan en **le**, **y**, **er**, **ow** (ej.: nice, kind, shy, narrow, noisy, clever, noble).

1 Utiliza el comparativo que convenga, sin olvidar than/as si fuera necesario

1. You're driving too fast, you should be .... **(+ careful)**
2. This concert was .... the one we went to last year. **(– spectacular)**
3. My computer is .... yours. **(+ old)**
4. The problem is not .... it seems. **(= serious)**
5. Statistics show that it's .... to travel by plane than by car. **(– dangerous)**

2 Forma el comparativo doble que convenga

1. He has put on a lot of weight. He looks ....
(de + en +; big)

2. He no longer likes his job. He is ....
(de – en –; motivated)

3. I am .... I really need a holiday.
(de + en +; tired)

4. Things are improving. They are getting ....
(de + en +; good)

El superlativo (el más..., el menos...)

Existen dos tipos:

- **El superlativo de inferioridad (el menos...): the least** + adjetivo corto o largo (ej.: this is the least interesting/long article I've ever read)
- **El superlativo de superioridad (el más...): the** + adjetivo corto + **est** (ej.: this is the nicest restaurant in town) o **the most** + adjetivo largo (ej.: he is the most annoying person I've ever met)

A tener en cuenta: los mismos adjetivos cuyo comparative de superioridad es irregular tienen igualmente un superlativo irregular **(well/good ➔ the best ; bad ➔ the worst)**.

3 Utiliza la forma de superlativo que convenga

1. Don't go there, it's the .... pub in all Dublin. **(bad)**

2. This film was not a success. In fact, it was the ....
of all. **(successful)**

3. Mr Burns is the .... man in Springfield. **(rich)**

4. You never know what she's thinking. She is the ....
woman I know. **(mysterious)**

5. My stay in Venice was wonderful. It was the .... time
of my life. **(happy)**

4 Ordena los elementos para reconstruir la traducción de las siguientes frases

1. ambitious/he/know/is/least/the/man/I.
(Es el hombre menos ambicioso que conozco)

➜ ....

2. up/earlier/I/wake/earlier/and.
(Cada vez me levanto más temprano)

➜ ....

3. world/snake/most/this/in/dangerous/the/is/the.
(Es la serpiente más peligrosa del mundo)

➜ ....

4. refined/as/sparkling/not/wine/is/as/champagne
(El vino espumoso no es tan refinado como el champán)

➜ ....

Frases hechas

¿Conoces el equivalente en inglés para «de higos a brevas» o «no ver tres en un burro»? Seguro que no has tenido el reflejo de ir a buscar las palabras «higo» y «breva» en el diccionario, ¿o sí? Entonces es el momento de recordarte que las frases hechas y las expresiones idiomáticas no se pueden traducir palabra por palabra, pero generalmente tienen un equivalente conocido... o no. ¡A los bolis!

5 Separa las palabras correctamente para descubrir las expresiones gráficas habituales y después escríbelas siguiendo el ejemplo

	Pistas visuales	Palabras a separar + traducción	Expresiones inglesas
Ex.		day/in/day/out = un día sí y el otro también	day in, day out
1.		**onceinabluemoon** = de higos a brevas	
2.		**asblindasabat** = no ver tres en un burro	
3.		**letthecatoutofthebag** = irse de la lengua	
4.	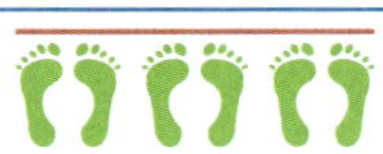	**sixfeetunder** = (estar) muerto	

Adjetivos y verbos habituales

¿Conoces los verbos y los adjetivos más habituales en inglés? ¿Dudas después de «I am...», o incluso peor, después de «I...»? Si presentas este síntoma, el diagnóstico es sin duda que no conoces suficientemente los verbos y los adjetivos para desenvolverte. El remedio: hacer los ejercicios siguientes.

6 Coloca los siguientes adjetivos junto a su definición

funny - angry - handsome - beautiful - proud - cheerful

1. Causing laughter → ....
2. Having excessive self-esteem → ....
3. Good-looking (for a man) → ....
4. Good-looking (for a woman) → ....
5. Happy, enthusiastic → ....
6. Furious, irritated → ....

7 Separa las sílabas correctamente para encontrar la traducción inglesa de los siguientes adjetivos y después escríbelos en el orden de las traducciones

desconsolado - egoísta - aburrido - perezoso - generoso

sorryboringgenerouslazyselfish

→ ....

8 Ordena las letras para encontrar la traducción de los siguientes adjetivos

1. tímido: **YSH** ....
2. solitario: **ELONYL** ....
3. tranquilo: **TIQUE** ....
4. amable: **DINK** ....
5. grosero: **DURE** ....
6. hablador: **TIVEAKLAT** ....

9 ¿Qué significan los siguientes adjetivos? Señala la respuesta correcta

1. **easy-going**
   a. en buen estado (carretera)
   b. divertido
   c. de buen trato (persona)

2. **disappointed**
   a. desfavorecido
   b. decepcionado
   c. desconcertado

3. **moody**
   a. malhumorado
   b. de piedra
   c. lunático

4. **clumsy**
   a. ruidoso
   b. sincero
   c. torpe

5. **careless**
   a. prudente
   b. descuidado
   c. atento

6. **understanding**
   a. cómplice
   b. comprensible
   c. comprensivo

10 Coloca los siguientes verbos en las frases

hope, agree, forgive, believe, need, wait, understand

1. I'm so sorry. Please, ... me.

2. The train was late. I had to .... for one hour.

3. I .... help. Could you give me a hand?

4. I .... it won't rain this afternoon. We're going for a walk.

5. Do you .... in God?

6. I don't .... what you mean. Could you be more specific?

7. I usually .... with you, but this time I think you are wrong.

11 Ordena las letras para encontrar la traducción de los siguientes verbos

1. confiar: to **USRTT** ....

2. preguntarse: to **REDNOW** ....

3. olvidar: to **TEGFOR** ....

4. mostrar: to **HSOW** ....

La grafía s o ss

La grafía **s** o **ss** se puede pronunciar **[s]** (ej.: base, assess), **[s] vibrante** (ej.: desert), **[y] argentina** (ej.: leisure), **[sh]** (ej.: sugar).

12 Responde a las siguientes preguntas marcando la casilla correspondiente

1. ¿En qué palabra la **s** se pronuncia como en **base**?

☐ case ☐ because ☐ closure ☐ sugar

2. ¿En qué palabra la **s** se pronuncia como las 2 primeras **s** de **po<u>ss</u>ess** ?

☐ crisis ☐ Asia ☐ desert ☐ basic

3. ¿En qué palabra la s se pronuncia como en **leisure**?

☐ pause ☐ crusade ☐ comparison

☐ measure

13 Señala la respuesta correcta

1. Localiza el intruso:

a. disappear **d.** precisely
b. release **e.** fatalism
c. asylum

2. El adjetivo **close (to)** rima con:
a. cross
b. nose

La grafía th

La famosa **th** tiene dos pronunciaciones: una es suave como nuestra **d** (ej.: this) y otra es más fuerte, como la **z** española (ej.: think). Ten cuidado de marcar bien la diferencia de pronunciación entre este último sonido y la **s vibrante**.

14 Escribe las siguientes palabras en la tabla para formar los pares de palabras y su traducción

although cantar sick hundir
with cierre con ENFERMO
(to) think jefe (to) sing both

	Pares de palabras		Traducciones	
1.	(to) sink			pensar
2.	also		también	aunque
3.	(to) whizz		pasar volando	
4.		thing		cosa
5.		thick		grueso
6.	boss			ambos
7.	closing	(a piece of) clothing		prenda de vestir

Bravo, ¡has llegado al final de este capítulo! Ahora debes contabilizar los iconos y trasladar el resultado a la página 128 para la evaluación final.

12

Pronombres personales y reflexivos

Los pronombres personales

- **Los pronombres personales**
  - **Los pronombres personales sujeto** (yo, tú, él, etc.) son: **I, you, he, she, it, we, you, they** (ej.: they live in Prague / I was born in 1965). Presta atención a no dejarte influenciar por el género de los nombres en español. En inglés, si no hablamos de una persona, se utiliza el pronombre persona neutro it (ej.: kill that spider, it's scary!).
  - **Los pronombres personales complemento** (me, te, le, etc.) son: **me, you, him, her, it, us, you, them** (ej.: I love this actor ➜ I love him / I told Liam and Sean to come at 5 ➜ I told them to come at 5).
- **Los posesivos**
  - **Los adjetivos posesivos** (mi, mío, mía, etc.) son: **my, your, his, her, its, our, your, their** (ej.: we bought our house in 1998 / Anna must pick up her sister at the station). En inglés, se utilizan los adjetivos posesivos cuando se mencionan las partes del cuerpo (ej.: me he cortado el dedo ➜ I cut my finger).
  - **Los pronombres posesivos** (el mío, el tuyo, el suyo, etc.) son: **mine, yours, his, hers, Ø, ours, yours, theirs** (ej.: whose coat is this? It's not mine).

1 Completa los huecos con la ayuda del pronombre personal, el adjetivo posesivo o el pronombre posesivo que convenga

1. You and I are Spanish. ➜ .... are Spanish.

2. She broke .... leg while skiing.

3. He went with Jane. ➜ he went with ....

4. It's Sarah's laptop. ➜ it's ....

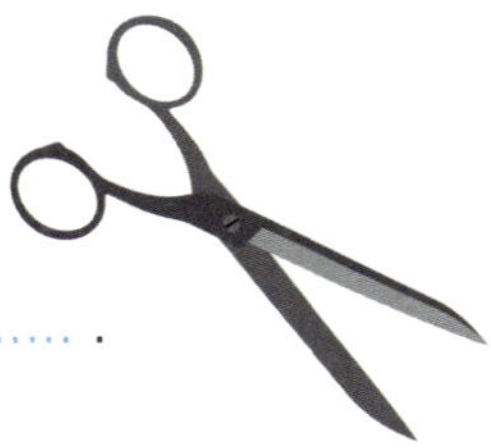

5. I had lunch with Clara and Peter. ➜ I had lunch with ....

6. You look different, did you cut .... hair?

7. Paul is coming with you and me. ➜ Paul is coming with ....

8. That cat does not like milk, I give .... water only.

9. It's my car. ➜ it's ....

Los pronombres reflexivos

- **Los pronombres reflexivos** son **myself, yourself, himself, herself, ourselves, yourselves, themselves**. Sirven para traducir el **se** en los verbos pronominales (ej.: he looked at himself in the mirror) o sí mismo (ej.: I did this cake myself).
- **Los pronombres recíprocos** (el uno al otro) son: **one another** y **each other**. Sirven para expresar las relaciones de reciprocidad entre varios elementos. Se utiliza **one another** si hay más de 2 elementos (ej.: the four men joked with one another) y **each other** si hay 2 elementos (ej.: the two sisters love each other).
- **¿Verbo reflexivo/recíproco o no?** Muchos verbos pronominales en español no lo son en inglés. Estos verbos no se construyen con un pronombre recíproco o reflexivo pero tienen el mismo significado. Aquí tienes algunos y verás otros más en los ejercicios: **to hide** (esconderse), **to fight** (pelearse), **to feel** (sentirse), **to hurry** (apresurarse), **to complain** (quejarse), **to remember** (acordarse), **to relax** (relajarse), **to wonder** (preguntarse), **to worry** (preocuparse).

2 Elige la respuesta correcta

1. I'm very tired, I can't concentrate .... **(myself / Ø)**

2. They're going to wash .... **(themselves / Ø)**

3. I need .... **(to dress / to dress myself / to get dressed)**

4. She doesn't .... good. **(feel herself / feel)**

5. You should .... **(relax / relax yourself)**

6. They often argue .... **(with each other / themselves / Ø)**

3 Escribe el pronombre reflexivo/recíproco que convenga

1. He blames .... for the accident.

2. Their five children help .... a lot.

3. The two ladies looked at .... but didn't say a word.

4. I was sad to hear that she was depressed and killed ....

5. (en la mesa: sírvase usted mismo) ➜ Help ....

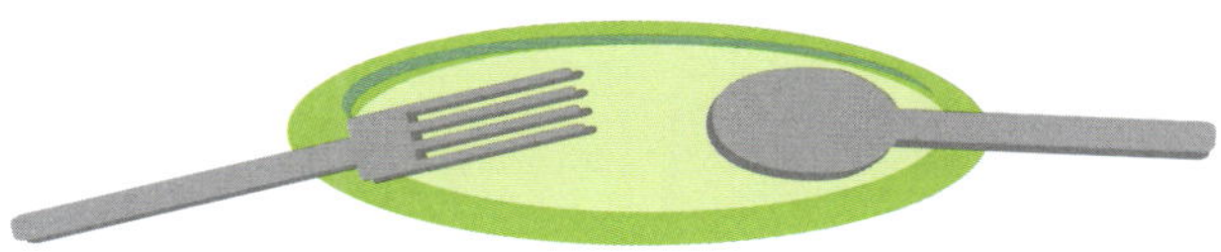

4 Relaciona las siguientes frases

1. Ivan and Patrick had a fight and barely talk to •
2. We're late, hurry •
3. He looked at •
4. You don't need my help, you can do it •
5. Her mother worries •
6. She introduced •
7. The baby •

- • **a.** up!
- • **b.** fell asleep.
- • **c.** a lot.
- • **d.** each other.
- • **e.** himself in the mirror.
- • **f.** yourself!
- • **g.** herself.

Las fechas y las horas

Tanto si te entran sudores fríos con la simple idea de tener que decir la hora/la fecha en inglés como si eres bueno en ello, nunca viene mal un pequeño recordatorio. Empecemos suavemente revisando primero los días de la semana y los meses del año.

5 Encuentra las letras que faltan o ponlas en orden para reconstruir los días de la semana y los meses del año

Lunes ➜ M _ _ DAY

Martes ➜ _ U _ _ DAY

Miércoles ➜ _ _ D N _ _ DAY

Jueves ➜ T _ U _ _ DAY

Viernes ➜ _ _ _ DAY

Sábado ➜ S _ T _ _ DAY

Domingo ➜ _ _ NDAY

Enero: **YJAUNRA**
➜ . . . .

Febrero: **UARRYEFB**
➜ . . . .

Marzo: **AHMCR**
➜ . . . .

Abril: **IPALR**
➜ . . . .

Mayo: **YAM**
➜ . . . .

Junio: **UJEN**
➜ . . . .

Julio: **YJUL**
➜ . . . .

Agosto: **GTSUUA**
➜ . . . .

Septiembre: **MESTBREEP**
➜ . . . .

Octubre: **BOTCREO**
➜ . . . .

Noviembre: **VEMOREBN**
➜ . . . .

Diciembre: **MDREEBEC**
➜ . . . .

6 Señala la o las traducciones correctas entre las propuestas que aparecen entre paréntesis

1. Voy a la piscina el lunes (= este lunes)
I'm going to the swimming pool **(Monday** - **on Monday** - **on Mondays)**

2. Voy a la piscina los lunes (= todos los lunes)
I go to the swimming pool **(Monday** - **on Monday** - **on Mondays)**

3. Estaré ausente de la oficina de 4 a 11
I will be away from the office **(by** - **from)** the 4th **(to** - **still** - **until)** the 11th

4. Me voy el 3 de mayo por la mañana
I'm leaving **(on** - **Ø)** the 3rd **(of** - **in)** May, **(Ø** - **in** - **on)** the morning

5. Hoy estamos a martes 25 de abril (lenguaje hablado) → Today's...

☐ **a.** Tuesday, the twenty-fifth of April

☐ **b.** Tuesday, April the twenty-fifth

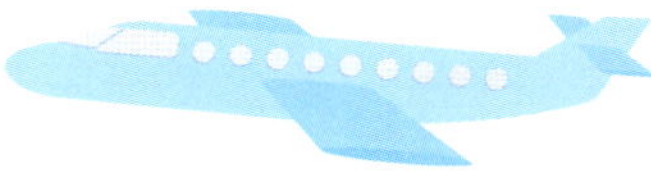

7 Observa este pasaporte y responde a las preguntas señalando, en los paréntesis, la(s) palabra(s) que mejor convienen y completando los espacios

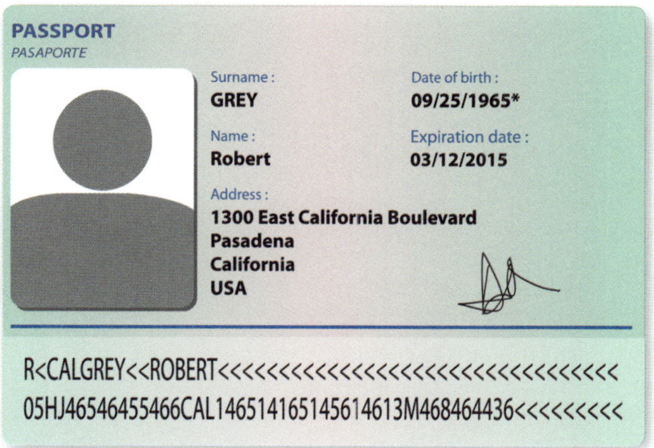

PASSPORT
PASAPORTE

Surname: **GREY**
Name: **Robert**
Address: **1300 East California Boulevard**
Pasadena
California
USA
Date of birth: **09/25/1965***
Expiration date: **03/12/2015**

R<CALGREY<<ROBERT<<<<<<<<<<<<<<<<<<<<<<<<<<<<<<<<<<<<<<<
05HJ46546455466CAL14651416514561461 3M468464436<<<<<<<<<

1. Robert Grey was born **(on - in - at)** 1965.

2. He was born **(on - in - at)** September.

3. He was born **(in - on)** the .... **(st - nd - rd - th)** **(of - in)** September.

4. His passport expires **(in - on)** the .... **(st - nd - rd - th)** **(of - in)** ...., in 2015.

**Atención: al contrario que nosotros, los ingleses y los americanos indican primero el mes y luego el día. De esta manera, el 09/25/1965 se leerá el 25 de septiembre de 1965.*

8 Responde a las siguientes preguntas

1. Señala la respuesta correcta en los paréntesis:
Se utiliza **(am - pm)** para indicar las horas, desde la una de la madrugada hasta el mediodía y **(am - pm)** para indicar las horas, desde la una del mediodía hasta medianoche.

2. ¿Cómo se dicen las **19 h** en inglés?

☐ **a.** nineteen o'clock ☐ **b.** nineteen hours ☐ **c.** seven am ☐ **d.** seven pm

3. Escribe con todas las letras las horas indicadas en los relojes y responde a las preguntas:

a. 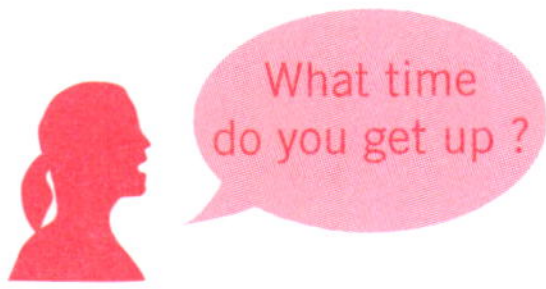

I get up at 

➜ ....

o ....

b. 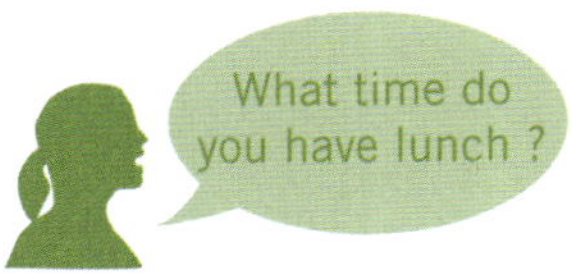

I have lunch at 

➜ ....

c. 

I go to bed at 

➜ ....

d. I have a meeting at 9:15 am

a. I'm early
b. I'm on time
c. I'm late

e. I'm going to see a film. It starts at 3 pm

a. I'm late
b. I'm just in time
c. I'm early

La letra h

La letra **h** se pronuncia a menudo aspirada, especialmente cuando va al inicio de palabra. Por tanto, habrá una diferencia de pronunciación entre **at** y **hat**, **ear** y **hear**, **old** y **hold**. Cuando la **h** está en el interior de una palabra, generalmente no se pronuncia (ej.: **vehicle**). Tampoco se pronuncia en el interior de los grupos **ch**, **gh**, **rh**, **sh**, **th**, **ph**, salvo si la **h** es la primera letra del segundo elemento de una palabra compuesta (ej.: healthy ≠ loophole). Pero hay algunas excepciones…

9 Clasifica las siguientes palabras en la tabla

hospital heir hate
hour hit THYME shepherd HILARIOUS
hill honour honesty hair
hero BEHIND Thailand house

H sonora	H muda
....	....
....	....
....	....
....	....
....	....

10 Señala la palabra adecuada para formar una frase coherente

1. He was so **(angry** - **hungry)** that he slammed the door.

2. He was so **(angry** - **hungry)** that he ate three burgers!

3. You're not allowed to pin posters on the **(wall** - **whole)**.

4. I can't go to work today, I'm **(ill** - **hill)**.

5. Why not try this cream on your **(harm** - **arm)**? It can do no **(arm** - **harm)**.

6. You should not use a dryer. Hot **(air** - **hair)** is not good for your **(air** - **hair)**.

Bravo, ¡has llegado al final de este capítulo! Ahora debes contabilizar los iconos y trasladar el resultado a la página 128 para la evaluación final.

13

Expresión de la posesión y de los nombres compuestos

La expresión de la posesión

Existen dos formas de expresar la posesión en inglés: **the... of...** y **'s**. La elección entre estas dos posibilidades va a depender de la naturaleza del poseedor (**animado** o **inanimado**).

- **'s: construcción ➜** poseedor + **'s** + cosa poseída

– **Usos:** con los poseedores **animados**. Se consideran como animados: los **nombres** y los **nombres de personas** (ej.: Peter's friends, the neighbour's wife), **los sujetos familiares no humanos**, como los animales domésticos (ej.: the cat's tail), los elementos personificables como **los nombres de países, de ciudades, las instituciones** (ej.: France's history, the company's policy), **los nombres familiares de una sola sílaba** como **cup** o **shop** (ej.: the cup's handle, the shop's director).

– **Casos particulares:** si el poseedor es un plural y se termina por una **s**, no añadiremos la **'s** sino simplemente ' (ej.: the Johns' house is for sale). Por el contrario, los nombres propios o comunes que terminan en **s** y sus plurales no terminan en **s** llevan **'s** (ej.: Socrates's philosophy, the crisis's end, women's rights).

- **The... of...:** construcción ➜ objeto poseído + de + poseedor

– **Usos:** con una **cosa inanimada** (ej.: the time of the meeting), un **cuantificador** (ej.: I've watched most of the film), para expresar una **rrelación parte-conjunto** (ej.: the head of the bed, the last page of the book), o alguna cosa animada si el **nombre del poseedor es muy largo** o va seguido de un complemento (ej.: the son of the man in the blue shirt).

1 Elige entre 's o the... of...

1. **(Mr Jones - car)** .... was stolen last week.

2. Look, this is the .... **(wife - the man we met yesterday)**

3. The **(end - film)** .... was very disappointing.

4. **(Helena - husband)** .... is a pilot.

5. Adam, stop pulling the .... ! **(dog - ears)**

6. I have just visited .... **(the Johnsons - new house)**.

Los nombres compuestos

A veces se confunde la posesión con los **nombres compuestos**.

– **Construcción:** estos últimos están compuestos de dos palabras que existen independientemente una de la otra. La segunda palabra lleva la información principal, la primera aporta una precisión sobre su sujeto, como lo haría un adjetivo (ej.: un coche de carreras ➜ a race car / una carrera de coches ➜ a car race). El segundo nombre es el que lleva la marca del plural (ej.: pasteles de chocolate ➜ chocolate cakes).

– **Usos:** el primer nombre sirve para calificar al segundo (ej.: a love story), precisa la naturaleza o la función (ej.: a leather jacket, a vegetable peeler), lo situa en el tiempo o en el espacio (ej.: an afternoon snack, a kitchen chair). El segundo nombre también puede ser parte del primero (ej.: a table napkin, a car window).

– **Formación:** las combinaciones más habituales son las siguientes: nombre + nombre (ej.: a horse race), nombre + verbo (ej.: a sunset, a haircut), nombre + verbo + er (ej.: a dishwasher), verbo + nombre (ej.: a pickpocket), verbo + ing + nombre (ej.: a dining room), adjetivo + nombre (ej.: a gentleman), adjetivo + verbo (ex dry cleaning).

A tener en cuenta: en los nombres compuestos, a veces las dos palabras se escriben juntas (sobre todo cuando el nombre es de uso común, ej.: armchair, bedroom, birthday), a veces (pero más raramente) unidas por un guion (ej.: mother-in-law, first-class) y a veces separadas (ej.: sleeping pill).

2 Declina los siguientes nombres compuestos (une bien las palabras cuando no haya espacio detrás de la línea de puntos)

Derivados de box
1. panera ➜ ....box
2. hucha ➜ .... box
3. nevera portátil ➜ ....box
4. buzón ➜ .... box
5. caja de herramientas ➜ ....box

Derivados de bag
1. cartera (escolar) ➜ ....bag
2. bolsa de la compra ➜ .... bag
3. saco de dormir ➜ .... bag
4. bolso de mano ➜ ....bag
5. bolsita de té ➜ .... bag

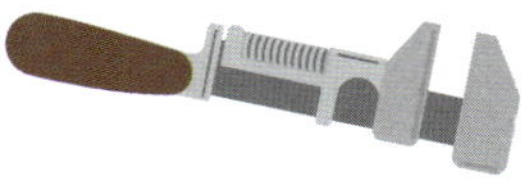

3 Reconstruye las palabras compuestas colocando los nombres siguientes en el lugar que mejor convenga (une bien las palabras cuando no haya espacio después de la línea de puntos)

killer - paste - washing - breaker - cloth

1. A machine that is used to wash your clothes is a .... machine.

2. When you have a headache, you can take a pain.......................... .

3. A coat that you wear to resist the wind is a wind.......................... .

4. A floor................. (or floor-.................) is a type of towel, used for cleaning floors.

5. Is to your teeth what shampoo is to your hair: tooth.......................... .

4 Reconstruye las palabras compuestas y descubre su origen, a veces olvidado

1. lavavajillas .... dish •	• **a.** stick
2. mariposa................butter •	• **b.** food
3. barra de labios ....lip •	• **c.** fly
4. marisco ....sea •	• **d.** coat
5. impermeable.............rain •	• **e.** washer
6. sandía ....water •	• **f.** melon

Traducir «decir» y «hablar»

¿**Say** o **tell**?

- **Say** tiene el sentido de **decir**, **declarar**. Con **say**, no se precisa generalmente de un interlocutor sino simplemente del emisor y del mensaje. **Say** sirve para relatar las palabras (ej.: he said «I'm fed up with this company. I quit»). Si se precisa el interlocutor, **say** debe ir seguido de **to** (ej.: he said to her «we should buy a house»). Se utiliza también en las expresiones **say a word**, **say Hello/Goodbye**, **say a name/sentence**.
- **Tell** significa igualmente **decir**, pero más en el sentido de **informar**, **contar**. Después de **tell**, se menciona generalmente al interlocutor (ej.: she told me that she was sick). **Tell** se utiliza sin pronombre personal objeto en expresiones como **tell the truth**, **tell a lie**, **tell a story**.

5 Reemplaza los espacios siguientes por say o tell en el tiempo adecuado, sin omitir to si es necesario

1. He looked at me and ....: «mind your own business.»
2. I'm going to .... you the story of the Gingerbread Man.
3. He left the room without ....ing a word.
4. Can you .... me the time, please?
5. **Just for fun:** «I want to .... you a terrific story about oral contraception. I asked this girl to sleep with me and she .... : 'no'.» (Woody Allen)

¿speak o talk?

- **Speak** significa **hablar**. Se utiliza para hacer referencia a la **capacidad de palabra** (ej.: she can't speak ➜ she is dumb = ella es muda), a la **capacidad de hablar una lengua** (ej.: I can speak Spanish), o para pedir a alguien hablar con alguien, en particular **al teléfono** (ej.: could I speak to Mr Smith, please?).
- **Talk** significa igualmente **hablar**, pero en el sentido de **intercambiar**. Se utiliza en **contextos de comunicación no formales** (ej.: can I talk to you for a minute?), cuando el verbo decir implica la **idea de conversación** (ej.: we need to talk), o cuando **el sujeto de conversación se menciona** (ej.: we need to talk about what happened).

6 Completa los espacios eligiendo talk o speak, conjugado en el tiempo necesario

1. Today we're going to .... about irregular verbs.
2. Hello Gemma. Is Mrs Dickinson in? Can I .... to her?
3. We just relaxed and .... for hours.
4. He can't .... today, he sang all night yesterday and lost his voice.
5. She can .... four foreign languages.

7 Relaciona las siguientes frases

1. Did he
2. I don't want to
3. He is only 4 years old but he can
4. We need to
5. The President said
6. He didn't

a. to all the journalists: «No comment.»
b. speak very well.
c. tell you about his new job?
d. say where he was going.
e. talk right now. Leave me alone.
f. tell you something.

Las letras mudas

Hay unas cuantas letras que se escriben pero no se pronuncian. Descubre las más comunes realizando los ejercicios siguientes.

8 Responde a las siguientes preguntas

1. Encuentra las palabras en las que la **b** no se pronuncia:

lamb · climb · plumber · obtain · bulb · double · comb · inhabitant · hub · cable · doubt · crumble · crumb

2. ¿Con qué riman las palabras **would** y **should**? Selecciona la casilla adecuada.

☐ **a.** wood ☐ **b.** mould

3. Encuentra las palabras en las que la **l** no se pronuncia:

mild · ulterior · title · calf · almond · talk · novel · half · calm · palm · walk · could · island · little · salmon · salt

4. Encuentra las palabras en las que la **t** no se pronuncia:

listen right product pregnant

salt castle soften mortgage

5. ¿Qué tienen en común estas palabras?

know - knee - knot - knife - knight - knit - knock

➜ ....

9 Encuentra la letra muda en cada una de las listas siguientes (una sola y la misma letra por lista)

Ej.: wednesday - handkerchief - sandwich ➜ se trata de la letra d

1. sign - gnat - foreign - campaign - benign - resign

➜ se trata de la letra ....

2. desperate - difference - interest - literature - temperature

➜ se trata de la letra ....

3. cupboard - pneumonia - raspberry - receipt - pseudo - psychology

➜ se trata de la letra ....

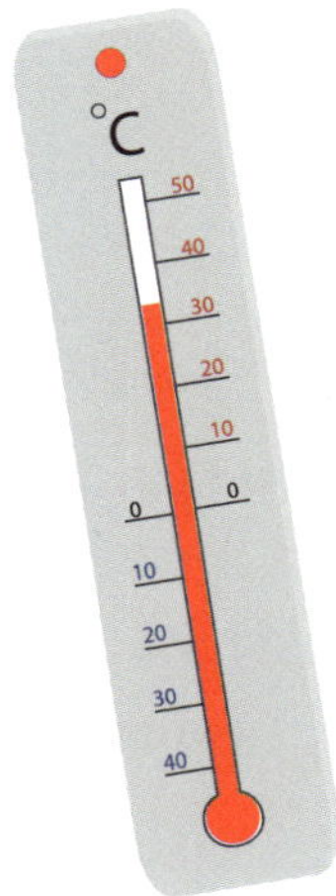

10 Las siguientes palabras contienen todas una letra que no se pronuncia (una diferente en cada palabra). Señálala

answer autumn farm

doubt island leopard grandmother

Bravo, ¡has llegado al final de este capítulo! Ahora debes contabilizar los iconos y trasladar el resultado a la página 128 para la evaluación final.

14

Pronombres relativos e interrogativos

Los pronombres relativos

Los pronombres relativos (quien, el cual, el que, lo que, lo cual, que, donde, cuando, cuyo) son: **who**, **which**, **that**, **what**, **where**, **when**, **whose**.

- **quien, el que, el cual**: se utiliza **who** o **that** para una persona (ej.: the man who is sitting there is my brother), **which** o **that** para una cosa (ej.: look at the dog which is over there).

– **A tener en cuenta: that** se utiliza en las estructuras con cuantificadores (**todo lo que, ej.:** it's all that I want). No se puede utilizar **that** detrás de una preposición (ej.: this is the table on which I left my glasses), ni en un inciso (ej.: his brother, who lives in Japan, speaks Japanese fluently). **That** es un poco menos formal que **which** y se utiliza mucho en el lenguaje hablado. Por otro lado, su uso es más común en inglés americano.

– **Se puede no poner who**, **which** o **that**, cuando se repite un elemento que funciona como un complemento (ej.: I ate a cake ➜ the cake Ø I ate).

- **lo que, lo cual: what** y **which** (ej.: she arrived late again, which is not surprising / I don't understand what you mean).
- **donde**: **where** (ej.: it's a restaurant where they cook fish)
- **cuando**: **when** (ej.: this happened at the time when she got married)
- **cuyo**: **whose** (ej.: it's the lady whose husband died in the crash)

1 Elije entre los pronombres relativos who, which, that, what, where, when o whose

1. She now lives in Anchorage, ... is the capital city of Alaska.

2. I still remember the day .... I met her. It was 20 years ago.

3. All .... I can remember about him is that he's called Duncan.

4. Mr Taylor, ... used to be a teacher, is now a computer scientist.

5. The woman .... daughter you saw yesterday, is my sister.

6. Look, these are the shoes .... I bought yesterday.
Tell me .... you think about them.

7. It's a district .... you will find many Asian shops.

Los pronombres interrogativos

Los pronombres interrogativos son: **who** → quién (ej.: who is this woman?), **what** → qué, cuál, cuáles (ej.: what are you doing tonight?), **which** → cuál, cuales (entre una opción limitada, ej.: which car do you prefer?), **where** → dónde (ej.: where do you live?), **when** → cuándo (ej.: when were you born?), **why** → por qué (ej.: why is she crying?), **whose** → de quién (ej.: whose phone is this?), how → **cómo** (ej.: how are you?). **How** se utiliza para formular las preguntas **how much/many?** → ¿cuánto?, **how often?** → ¿con qué frecuencia?, ¿cada cuánto?, **how long?** → ¿(desde) hace cuánto?, how tall/high? → ¿a qué altura?, **how far**? → ¿a qué distancia?, **how son?** → ¿en qué plazo?

2 Señala la o las respuestas correctas

1. **how soon** - **how long** - **when** have you had this car? 10 years?
2. **how much** - **how soon** - **how often** do you go shopping? Once or twice a week?
3. **how soon** - **when** - **how long** can you come and repair my dishwasher?
4. Coffee or tea? **which** - **what** - **who** - **whose** one do you prefer?
5. **Just for fun:** «If there is no God, **whose** - **which** - **who** opens the doors in supermarkets?» (Patrick Murray)

3 Haz la pregunta que permita obtener la respuesta subrayada

1. The laptop is <u>my sister's</u>.
→ .... ?

2. I take my exam on <u>Tuesday</u>.
→ ....
.... ?

3. I went <u>to Spain</u> for the holidays.
→ ....
.... ?

4. I'm not coming <u>because I'm too tired</u>.
→ ....
.... ?

5. They have <u>three</u> children.
→ ....
.... ?

6. The station is not very far from here, <u>about one mile away</u>.
→ ....
.... ?

7. It's <u>25 dollars</u>, Sir.
→ .... ?

Antónimos

Los antónimos son palabras de **significado contrario**. Está comprobado que recordamos más las palabras que aprendemos en pares, en particular por pares opuestos. Una buena razón para ampliar tu vocabulario. Down to work! (¡A trabajar!)

4 Señala la palabra de significado contrario

1. **to begin :** to end - to start - to close - to stay
2. **expensive :** shy - chip - cheap - saving
3. **dangerous :** save - shave - sure - safe
4. **late :** next - hourly - soon - early
5. **empty :** fill - fell - full - fall
6. **to succeed :** to fell - to fail - to fill - to foul
7. **first :** lest - fast - least - last
8. **to forget :** to remember - to remind - to remain
9. **enemy :** frend - friend - alliance - foe

5 Relaciona cada palabra con su contrario

1. to love •	• **a.** to cry
2. to laugh •	• **b.** boring
3. to start •	• **c.** quiet
4. interesting •	• **d.** strong
5. weak •	• **e.** to hate
6. dry •	• **f.** wet
7. noisy •	• **g.** to finish

6 Coloca las siguientes palabras al lado de su contrario

slim - bitter - take - win - hope - old - lend - sad - dirty - far

1. happy ➜ ....
2. give ➜ ....
3. young ➜ ....
4. borrow ➜ ....
5. near ➜ ....
6. sweet ➜ ....
7. clean ➜ ....
8. despair ➜ ....
9. lose ➜ ....
10. fat ➜ ....

Vocabulario de trabajo y de los oficios

Se puede traducir la palabra **trabajo** por **job** o **work**. **Job** designa un empleo mientras que **work** designa al trabajo en general. **Work** es un incontable y se utilizará la expresión **a piece of work** para hablar de una realización en particular. Para el resto, ¡te toca a ti!

7 Coloca las palabras siguientes en las frases

unemployed   retired   job   company

earn   trade union   wages   FACTORY

1. Most students need to take a .... as a waiter or a cashier to pay for their studies.
2. He worked as a clerk for 20 years but he now runs his own service ....
3. Many workers are .... in this town. This new .... will create hundreds of jobs.
4. The workers in this factory .... good ....
5. A .... is an organization that defends the workers' interests and rights.
6. My neighbour worked as a teacher for 30 years. He is .... now.

8 Encuentra los nombres de profesiones poniendo en orden las letras entre paréntesis

1. **policía (EOPICL)**
   → _ _ _ _ _ _ man
2. **bombero (IREF)**
   → _ _ _ _ man
3. **cartero (TOSP)**
   → _ _ _ _ man
4. comercial/vendedor **(LASES)**
   → _ _ _ _ _ man
5. pescador **(RIFHES)**
   → _ _ _ _ _ _ man

9 Separa las palabras por el lugar adecuado para encontrar los nombres de las siguientes profesiones en inglés y después escríbelas en el orden de las traducciones

1. ejecutivo - cocinero - obrero - abogado - peluquero - camarero

cookhairdresserlawyerwaiterexecutiveworker

➜ ....

....

2. mecánico - secretario - carnicero - agricultor - enfermero - niñera - profesor - panadero - veterinario - fontanero

teacherfarmerbutcherbakerplumbernursenannyvetsecretarymechanic

➜ ....

....

10 Relaciona cada profesión con su traducción en español

1. Clerk •	• **a.** Camionero
2. Civil Servant •	• **b.** Administrativo /Oficinista
3. Engineer •	• **c.** Dependiente de tienda
4. Shop assistant •	• **d.** Ingeniero
5. Lorry driver •	• **e.** Funcionario

Los homófonos

Un buen número de palabras, que no se escriben de la misma forma y que tienen significados completamente diferentes, **se pronuncian sin embargo de la misma manera**. Descubre algunas al hacer los ejercicios siguientes.

11 Corrige los errores que se han deslizado en la siguiente carta; para ello, tacha y reescribe las palab como en el ejemplo que te damos en rojo

Deer Mum and Dad,

I had fun at the camp the first weak: we went to the ~~see~~ sea and went on a bought. Then we went to a fare. Yesterday I road a horse. But I'm getting board now! Tonight we're having a barbecue, I hope the meet is good. Last night we had to eat leak soup, pees and pairs and you know how much I hate fruit and veggies! See you soon.

Love,

Sam

12 Encuentra los errores y reescribe la frase correctamente

1. I need a new pear of shoes.

→ ....

2. There is a leek under my sink, I need to call a plumber.

→ ....

3. I need to pea! Where's the bathroom?

→ ....

4. I can't sea a thing without my glasses on.

→ ....

5. Look, I boat a new computer last week.

→ ....

6. It's not unusual to see cows in the middle of the rode in India.

→ ....

7. We often meat at the sushi bar for lunch.

→ ....

8. I still feel very week from the surgery

→ ....

Bravo, ¡has llegado al final de este capítulo! Ahora debes contabilizar los iconos y trasladar el resultado a la página 128 para la evaluación final.

15

Prefijos y sufijos

Prefijos y sufijos

- **Principio general:** Es posible formar numerosas palabras asociando prefijos y sufijos a verbos, nombres y adjetivos. Se puede, por ejemplo, **formar un nombre** añadiendo un sufijo a un adjetivo (ej.: excentric + ity ➜ excentricity), un sufijo a un verbo (ej.: act + or ➜ actor), un prefijo a un hombre (ej.: in + capacity ➜ incapacity). También se pueden **formar adjetivos** añadiendo: un prefijo a un adjetivo (ej.: un + believable ➜ unbelievable), un sufijo a un nombre (ej.: boy + ish ➜ boyish / care + less ➜ careless / doubt + ful ➜ doubtful). Se pueden **formar adverbios** añadiendo el sufijo ly a un adjetivo (ej.: certain + ly ➜ certainly).
- **Principales prefijos, para formar adjetivos y verbos: under** (**➜ bajo/debajo de**, ej.: underpaid), **over** (**➜ sobre**, con la idea de rebasar, ej.: overreact), **mis** (junto a un nombre o verbo **➜ mal**, idea de disfunción, incidente, error, ej.: to misunderstand), **self** (**auto- / sí mismo**, ex. : self-destructive, self-respect), **un, dis, il, im, in, ir** (sirven para formar los opuestos, ej.: dishonest, ilegal, imperfect, incompetent, unhappy, irrational).

1 Deriva las siguientes palabras inspirándote en el modelo que se ofrece

	Palabra a derivar + significado	Tradución de la palabra obtenida	Parabra derivada
Ej.	paid = pagado	mal pagado	underpaid
1.	**real** = real	irreal	....
2.	**to agree** = estar de acuerdo	estar en desacuerdo	....
3.	**estimated** = estimado	subestimado	....
4.	**confident** = confiado	muy confiado	....
5.	**to pronounce** = pronunciar	pronunciar mal	....

Sufijos (continuación)

- **Principañes sufijos utilizados para formar adjetivos: able/ible** (significado ➜ susceptible de ser, ej.: breakable, accesible), **ed** (significado ➜ participio pasado, ej.: cooked). **free** (significado ➜ sin, ej.: sugar-free), **ful** (significado ➜ que rebosa, que está lleno de, ej.: successful, beautiful), **ing** (significado ➜ adjetivo con sentido activo, ej.: interesting), **ish** (significado ➜ que tiene las características de, ej.: boyish), **less** (significado ➜ privativo, sirve para construir adjetivos contrarios a los terminados por ful, ej.: useful/less), **ly** (significado ➜ que tiene las cualidades de, ej.: friendly), **y** (significado ➜ que tiene calidad de, ej.: sunny, funny).
- **Principales sufijos utilizados para formar nombres: cy** (ej.: legacy), **dom** (significado ➜ condición, dominio, ej.: kingdom), **er/or** (➜ agente masculino, ej.: prayer, actor), hook (estatus, cualidad, periodo, ej.: brotherhood), **ism** (➜ comportamiento, sistema, ej.: criticism, socialism), **ity** (➜ que tiene calidad de, ej.: acidity), **ship** (➜ el hecho de ser, ej.: dictatorship), **ness** (➜ estado, condición, ej.: creativeness, loneliness).

friendSHIP friendship friendship

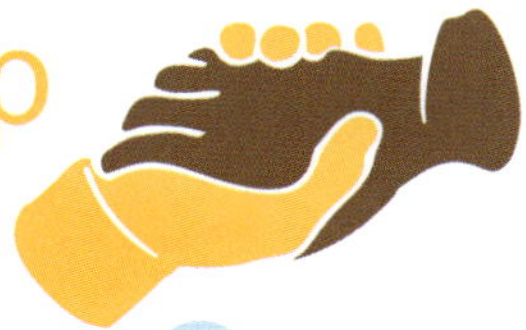

2 Deriva las siguientes palabras inspirándote en el modelo que se ofrece

	Palabra a derivar + significado	Tradución de la palabra obtenida	Parabra derivada
Ej.	friend = amigo	amistad	friendship
1.	**to bore** = aburrir	aburrido	....
2.	**home** = domicilio	sin casa, sin techo	....
3.	**sad** = triste	tristeza	....
4.	**child** = niño	niñez	....
5.	**slow** = lento	lentamente	....
6.	**to wash** = lavar	lavable	....

3 Encuentra el prefijo o sufijo que conviene

1. When you trust yourself too much, you are ....confident.
2. Something that never ends is end............ .
3. When you do not trust someone, you ....trust them.
4. Happi............ is the state of being happy.
5. Free............ is the state of being free.

4 Relaciona los derivados del verbo con su traducción

1. user •	• a. mal utilizado
2. unused •	• b. sobreutilizado
3. useful •	• c. no utilizado
4. misused •	• d. útil
5. overused •	• e. usuario

5 Deriva las siguientes palabras en varias etapas, como en el ejemplo

Ej.: palabra raíz → intention = intención
etapa 1 → intentional = intencionado
etapa 2 → unintentional = no intencionado
etapa 3 → unintentionally = no intencionadamente

1. **palabra raíz → pleasant** = agradable
   etapa 1 → .... = desagradable
   etapa 2 → .... = desagradablemente

2. **palabra raíz → condition** = condición
   etapa 1 → .... = condicional
   etapa 2 → .... = incondicional

3. **palabra raíz : success** = éxito
   etapa 1 → .... = exitoso
   etapa 2 → .... = sin éxito
   etapa 3 → .... = de manera no exitosa

4. **palabra raíz: expect** = esperar
   etapa 1 → .... = esperado
   etapa 2 → .... = inesperado
   etapa 3 → .... = inesperadamente

Siglas

Los anglosajones utilizan muchas siglas, incluso para expresiones cotidianas y familiares. Descubre algunas en los ejercicios de más abajo.

6 Encuentra el significado de los siguientes acrónimos (utilizados en la vida diaria) ayudándote de las pistas

1. B.O.
- ☐ **a.** Big Organisation
- ☐ **b.** Body Odour
- ☐ **c.** Best Offer

2. B.L.T.
(pista: el tradicional sandwich inglés):
- ☐ **a.** Bacon, Lettuce and Tomato
- ☐ **b.** Bread, Lettuce and Tuna
- ☐ **c.** Bread, Lettuce and Turkey

3. Besarse en público es un ejemplo de **P.D.A.**, que significa «Public Display of...»
- ☐ **a.** Acquaintance
- ☐ **b.** Affection
- ☐ **c.** Amorous

4. A.S.A.P.
- ☐ **a.** As Sorry As Pity
- ☐ **b.** As Soon As Possible
- ☐ **c.** As Sad As Pie

5. D.I.Y.
- ☐ **a.** Do it Young
- ☐ **b.** Do It Yesterday
- ☐ **c.** Do It Yourself

6. T.G.I.F.
- ☐ **a.** Thank God It's Finished
- ☐ **b.** Thank Goodness It's Friday

7. Un ovni español es un U.F.O. en inglés. ¿Qué significan las letras?
- ☐ **a.** Unidentified Flying Object
- ☐ **b.** Unidentified Funky Object

7 Ordena la traducción inglesa de las siguientes frases y escribe sus siglas (como si fuera un chat online), siguiendo el ejemplo.

Ej.: hasta luego: later/you/see → see you later → SUL

1. **no estoy delante del ordenador**: keyboard/from/away → .... → ....
2. **jajaja**: loud/laughing/out → .... → ....
3. **hablamos + tarde**: later/you/talk/to → .... → ....
4. **vuelvo enseguida...**: back/be/right → .... → ....
5. **en mi opinión...**: opinion/my/in → .... → ....

See, watch y look

- **To see** significa **ver**. Al igual que el verbo español, tiene una connotación **pasiva** (se puede ver sin mirar, ej.: I can't see a thing without my glasses on).
- **Look at** y **watch** significan **mirar**. Tienen una connotación **activa** (llevamos la mirada hacia algo, deliberadamente). Observa que para traducir **mirar**, es necesario utilizar el verbo **to look** con la preposición **at** (no confundir con **look for**, que significa **buscar**). **Look at** se utiliza sobre todo para una mirada que dura poco (ej.: look at this car!). Se utiliza **to watch** cuando se mira algo que dura (ej.: they watched the children play).

A tener en cuenta: se dice **to watch television**.

8 Completa los espacios con watch, look (at) y see

1. I don't want to go out tonight. Let's just stay in and .... a film.
2. Did you .... John at the party?
3. .... Mum, it's snowing!
4. He likes to .... the rain falling. He can do that for hours!
5. Don't .... me like that! You know I'm right!

Homófonos (continuación)

Recuerda: muchas palabras, que no se escriben de la misma forma y que tienen significados completamente diferentes, se pronuncian sin embargo de la misma manera. Descubre algunas al realizar los siguientes ejercicios.

9 Señala la palabra adecuada en cada caso

1. Would you like another **(piece** - **peace)** of cake?
2. Don't **(waist** - **waste)** your money on video games!
3. The love **(scene** - **seen)** in this film is set in New York.
4. To bake a cake you need **(flower - flour)**.
5. Is the glass half empty or half **(fool** - **full)**?

10 Forma parejas de palabras que se pronuncian de la misma manera y clasifícalas en las columnas de abajo

buy · thyme · which · pool · war · knows

witch · bye · pull · their · cereal

collar · urn · would · wood · wore · serial

flu · right · jeans · missed · allowed · time

mist · wait · write · nose · weight

genes · aloud · there · earn · colour · flew

.... -	.... -	.... - ....
.... -	.... -	.... - ....
.... -	.... -	.... - ....
.... -	.... -	.... - ....
.... -	.... -	.... - ....
.... -	.... -	

Bravo, ¡has llegado al final de este capítulo! Ahora debes contabilizar los iconos y trasladar el resultado a la página 128 para la evaluación final.

16

Adjetivos

Los adjetivos

- **Características:** los adjetivos son **invariables**, **no añaden una s** en plural (ej.: a red car, red cars), se colocan delante del nombre cuando son complementos del nombre (ej.: a blue pen), o detrás del verbo cuando son atributos de complemento (ej.:I find this film boring). **A tener en cuenta:** los adjetivos de **nacionalidad** y de **religión** comienzan en **mayúscula** (ej.: he is a German musician / this is an Orthodox church).
- **Orden de los adjetivos:** cuando la frase presenta muchos adjetivos, se ordenan desde los más subjetivos a los más objetivos: opinión, tamaño, edad, forma, color, origen, material, función/propósito + nombre (ej.: a horrible white German dog / a beautiful black leather armchair). Si hay varios adjetivos de la misma categoría, se clasifican del más corto al más largo (ej.: a long, enormous car).

1 Ordena las palabras para formar una frase correcta

1. plastic/phone/ugly/red/a(n)

➜ ....

2. sweater/blue/cotton/old/horrible/a(n)

➜ ....

3. tall/German/nice/a/lady

➜ ....

4. Canadian/novel/exciting/long/a(n)

➜ ....

Casos particulares

- **Algunos adjetivos no se colocan nunca delante del nombre:** alone (se dice: a single man), afraid (se dice: a frightened man), alive (se dice: a living man), well (se dice: a healthy man), ill (se dice: a sick man), glad (se dice: a happy man), los adjetivos acabados en **able** e **ible** (se dice, por ejemplo: something imaginable, something possible).
- **Si el adjetivo va seguido de un complemento, se colocará después del nombre** (ej.: a man interested in poetry).

2 Señala la o las respuestas correctas

1. I slept in a **...** bed.

- ☐ **a.** soft, cozy, and comfortable
- ☐ **b.** comfortable, cozy, and soft
- ☐ **c.** comfortable, soft, and cozy

2. I bought a(n) **...** box at the market.

- ☐ **a.** beautiful, ancient, oval, brown, Indian, wooden
- ☐ **b.** brown, Indian, ancient, oval, beautiful, wooden

3. A man who is not dead is**...**

- ☐ **a.** an alive man
- ☐ **b.** alive
- ☐ **c.** a living man

4. A man who is not married is**...**

- ☐ **a.** an alone man
- ☐ **b.** a single man
- ☐ **c.** single
- ☐ **d.** a bachelor

5. A man who is not well is**...**

- ☐ **a.** sick
- ☐ **b.** a sick man
- ☐ **c.** an ill man
- ☐ **d.** ill

3 Corrige los errores del siguiente texto; puedes tachar las palabras en el texto y reescribirlas correctamente en las líneas de al lado

My friend Enzo is a passionate man about cars. He likes ancients cars more particularly. Last month, he bought this racing, orange, new, wonderful car. I think it's an italian car. He said he wanted a red one but had taken it because orange was the only available colour. He looks a bit eccentric in a car this colour. Enzo is spanish. Last week he went back to Spain to celebrate a catholic holiday with his family and suggested that I go with him, so I did. He is a driver fast and I must say I was afraid to go with him in a sports car but I enjoyed it!

Los adjetivos compuestos

Los adjetivos compuestos son adjetivos formados a partir de varios elementos. Para entender el significado de estos adjetivos, hay que ir hacia la izquierda a partir del nombre ej.: a broad-shouldered man ➜ un hombre con las espaldas anchas).

Existen cinco grandes tipos de formaciones:

1. El 2.º elemento es un adjetivo, para traducir **qué es**: nombre/adjetivo + adjetivo (ej.: sea-blue eyes, light blue water).
2. El 1.er elemento es un adjetivo, el 2.º es un nombre + **ed**, para expresar **quién tiene esa característica** (ej.: a blue-eyed boy).
3. El 2.º elemento es un participio pasado, el compuesto tiene entonces un sentido pasivo: nombre/adjetivo + participio pasado (ej.: a handmade object, a big-boned woman).
4. El 2.º elemento es un verbo en **ing**, el compuesto tiene entonces un sentido activo: nombre/adjetivo + verbo en **ing** (ej.: a time-consuming activity, an English-speaking guide).
5. El 2.º elemento es un número/cifra, el compuesto tiene entonces el sentido de **que conlleva x (número) de cosas**. En este caso, el nombre permanece invariable (ej.: a five-hundred-page book).

4 Elige la traducción correcta

1. una mente abierta:
- ☐ **a.** open-minded
- ☐ **b.** mind-opened
- ☐ **c.** open-minding

2. diestro:
- ☐ **a.** right-handing
- ☐ **b.** right-handed
- ☐ **c.** hand-righted

3. 0% de materia grasa:
- ☐ **a.** free-fat
- ☐ **b.** fat-freed
- ☐ **c.** fat-free

4. de mangas largas:
- ☐ **a.** sleeved-long
- ☐ **b.** long-sleeved
- ☐ **c.** long-sleeving

5. de larga duración:
- ☐ **a.** long-lasting
- ☐ **b.** long-lasted
- ☐ **c.** last-longing

5 Relaciona los adjetivos compuestos con la definición que les corresponda

1. short-lived •	• **a.** a estrenar
2. part-time •	• **b.** fácil de tratar
3. second-hand •	• **c.** segunda mano
4. easy-going •	• **d.** efímero
5. brand-new •	• **e.** a tiempo parcial

6 Reconstruye los cingo adjetivos compuestos siguientes

1. well •	• **a.** looking
2. good •	• **b.** aged
3. hard •	• **c.** paid
4. middle •	• **d.** working
5. long •	• **e.** haired

7 Encuentra el adjetivo compuesto que permita reformular los siguientes enunciados

1. A pizza which is made at home, by yourself, is a .... pizza.

2. A woman with green eyes is a .... - .... woman.

3. A soap that smells sweet is a .... - .... soap.

4. A boy who is 14 is a .... - .... - .... boy.

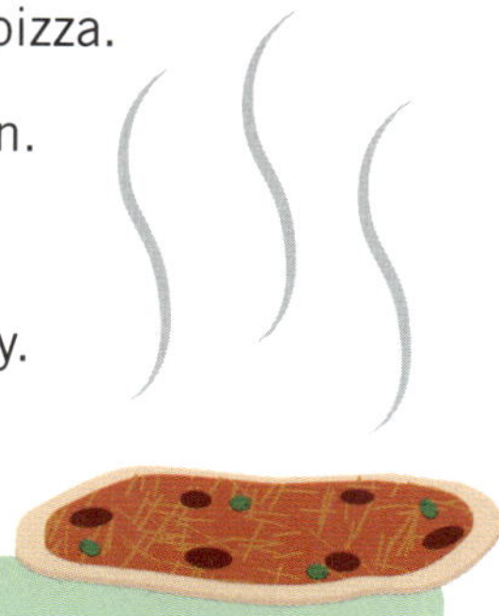

Vocabulario de la naturaleza, el clima y los animales

Pequeños recordatorios: la naturaleza se dice **nature** (sin el artículo **the**, recuerda...), pero a veces se utiliza **the wild**, como en la expresión **the call of the wild** (= la llamada de la naturaleza). Para preguntar **qué tiempo hace** se dice **what's the weather like?** Y, por último, se utiliza la palabra **pets** para los animales domésticos.

8 Encuentra la traducción inglesa o española de las siguientes palabras

Español		invierno	cielo	luna		
Inglés	summer				star	sea

Español	ola	playa	campo	hierba		lago
Inglés					island	

Español		montaña	árbol	flor		
Inglés	leaf				wood	spring

9 Completa las traducciones siguientes

1. tiempo: **WE _ _ _ ER**

2. lluvia: **R _ _ N**

3. nube: **_ _ _ UD**

4. sol: **_ _ N**

5. nieve: **SN _ _**

6. viento: **W _ _ D**

7. niebla: **F _ _**

8. caliente: **H _ _**

9. frío: **C _ _ D**

10 What's the weather like... Marca la respuesta correcta

1. ... in London?
- ☐ **a.** it's clouding
- ☐ **b.** it's cloudy

2. ... in Rome?
- ☐ **a.** it's sunning
- ☐ **b.** it's sunny

3. ... in New York?
- ☐ **a.** it's windy
- ☐ **b.** it's winding

4. ... in Paris?
- ☐ **a.** it's raining
- ☐ **b.** it's rainy

11 Ordena las letras para encontrar la traducción de los siguientes animales

1. perro	**OGD**	**8.** vaca	**OWC** ....
2. gato	**TAC**	**9.** cabra	**TOGA** ....
3. caballo	**ESOHR**	**10.** pato	**CUDK** ....
4. asno	**NYODEK**	**11.** mono	**YOMENK** ....
5. conejo	**TIRABB**	**12.** ratón	**SOUME** ....
6. oveja	**PESEH**	**13.** pájaro	**RIBD** ....
7. cerdo	**GIP**	**14.** pez	**IFHS** ....

Errores frecuentes de pronunciación

Los hispanoparlantes tienen tendencia a cometer algunos errores de pronunciación típicos. ¿Sabrás evitarlos en los ejercicios siguientes?

12 Busca la rima de las siguientes palabras, señálala y después coloca las palabras en las frases

1. **sweet** rima con: **seat** - **eat** - **bet**
2. **sweat** rima con: **feet** - **great** - **wet**

→ Sorry I'm covered in ...., I have been running.
Thank you for your gift. How .... of you!

3. **shout** rima con: **boot** - **about** - **fought**
4. **shoot** rima con: **doubt** - **not** - **foot**

→ Don't .... like that! I'm not deaf!
I have never tried ....ing a gun.

5. **bird** rima con: **heard** - **eared** - **weird**
6. **beard** rima con: **feared** - **aired** - **fired**

→ Peter has grown a ....
The children wanted a .... We got them a canary.

7. **beer** rima con: **dear** - **wear**
8. **bear** rima con: **swear** - **fear**

→ Winnie the Pooh is a cartoon ....
Guinness is a brand of ....

13 Batiburrillo: señala la o las respuestas correctas

1. **aren't** se pronuncia como...
   aunt - **ant** - **hunt**
2. **answer** rima con...
   officer - **swear**
3. el sonido **[os]** de **because** rima con...
   nose - **was** - **laws**
4. **enough** no rima para nada con...
   dough - **Doug** - **laugh**
5. **famous** rima con...
   moose - **virus** - **goose** - **us**
6. **says** rima con...
   el nombre español Moisés - **plays** - **stays**
7. **said** rima con...
   paid - **afraid** - **bed**
8. **young** rima con...
   among - **sung** - **tongue**

Bravo, ¡has llegado al final de este capítulo! Ahora debes contabilizar los iconos y trasladar el resultado a la página 128 para la evaluación final.

17

Adverbios

Generalidades

- **Naturaleza y formación**

Los adverbios son las palabras que modifican o aportan precisiones a un verbo (ej.: he drives **well**) o a un adjetivo (ej.: he drives a **very** old car). Normalmente responden a las preguntas ¿dónde?, ¿cuándo?, ¿cómo? o ¿por qué? Algunos adverbios se forman añadiendo el sufijo **ly** a un adjetivo (ej.: slowly, nicely, precisely), y otros tienen una forma fija (ej.: always, well, before, etc.).

- **Los diferentes tipos de adverbios**

Los intensificadores/reforzadores (ej.: really, very, completely, absolutely, so, well) y los atenuadores (ej.: almost, nearly), los adverbios de modo (ej.: slowly, quietly), de lugar (ej.: here, there), de frecuencia (ej.: every day, often), de tiempo (ej.: before, now, early, first) o de finalización (ej.: to, so as to).

1 No todas las palabras que terminan en ly son adverbios, a veces son adjetivos: señala el adjetivo que se ha colado en cada una de las listas de adverbios siguientes

1. lovely nicely simply freely
2. directly easily silly softly
3. angrily friendly happily loudly
4. shyly oddly generally lively
5. LONELY CAREFULLY HIGHLY PERFECTLY
6. quietly needy suddenly quickly
7. wrongly dangerously gladly costly
8. COWARDLY FORTUNATELY RAPIDLY CLEARLY

Colocación de los adverbios

- Detrás del auxiliar si lo hay en la frase (ej.: I have always liked horror movies)
- Delante o detrás de **to be** (ej.: I am relieved now / I am now relieved)
- Al principio de la frase, para los **adverbios de modalidad** como perhaps, maybe, etc., y para los adverbios de opinión como frankly, honestly, personally, etc.
- Al principio o al final de la frase, para los **adverbios de tiempo preciso** (ej.: yesterday, tomorrow) y los adverbios **de lugar** (ej.: outside)
- En medio (justo delante del verbo), para los **adverbios de frecuencia no precisa** (ej.: always, often, usually, never) y los adverbios **almost**, **certainly**, **hardly**, **nearly**, **probably**, **simply** (ej.: I've always hated coffee / he has almost died)
- Detrás del verbo y su complemento, para los **adverbios de modo** (ej.: take it off slowly)
- Generalmente al final de la frase para los **adverbios de tiempo, de lugar** y **de modo** como weekly, badly, well, either, too, as well, enormously, a little, a lot, much... (ej.: he runs daily / he runs a lot)

2 Hemos señalado los adverbios porque están en el lugar equivocado. Dibuja una flecha desde cada uno de los círculos azules hasta su lugar correcto en la frase

1. I go rarely to the cinema.
2. Do you go shopping often?
3. Have ever you been to Japan?
4. I didn't understand well the lesson.
5. They daily watch the news.
6. She has always a sandwich for lunch.

3 Ordena los elementos para formar frases correctas

1. runs/work/regularly/he/after ➜ ....
2. to work/on foot/go/I/usually ➜ ....
3. the race/will/he/win/probably ➜ ....
4. much/she/tea/like/doesn't ➜ ....
5. soon/I/you/hope/to see/sincerely ➜ ....
6. should/perhaps/drive/more/you/carefully ➜ ....

4 Reescribe las frases integrando el adverbio que está entre paréntesis

1. I go on beach holidays **(ALWAYS)**

   ➜ ....

2. Paul turned down the invitation **(POLITELY)**

   ➜ ....

3. They go out **(OFTEN)**

   ➜ ....

4. I don't think he will win. **(FRANKLY)**

   ➜ ....

5. He is not wrong. **(ENTIRELY)**

   ➜ ....

6. Do you go to the opera? **(SOMETIMES)**

   ➜ ....

Los conectores

- Los conectores lógicos son palabras que sirven para unir frases entre sí de manera lógica. La mayoría son adverbios. Pueden indicar un lugar de **finalización** (ej.: to, in order to, so as to), de **hipótesis** (ej.: if, even if), de **causa** (ej.: because, as, because of, thanks to), de **consecuencia** (ej.: so, therefore, as a consequence), de **concesión** (ej.: even if, although, despite, in spite of, however, instead of, though, unless, as long as), de **oposición** (ej.: yet, but, on the contrary, unlike, whereas, no longer, not any more), de **acumulación** (ej.: and, moreover, too, as well, even, first of all, then, finally).
- **A tener en cuenta: although** va seguido de una preposición verbal (ej.: he is wrong, although he will not admit it), **despite** e **in spite of** van seguidos de un nombre (ej.: despite the price, I bought it / I bought it in spite of the price). **Yet** y **moreover** se colocan generalmente al principio de la proposición o de la frase (ej.: He didn't want to come along. Yet, he did / He didn't feel like coming. Moreover he was tired).

5 Relaciona cada inicio de frase con el final que le corresponde

1. she went to the baker's...
2. He went to bed just after dinner...
3. We'll go on a picnic...
4. Although I don't like walking...
5. I'd like to come to the party...
6. Milk comes from an animal.

a. but I have to work.
b. Therefore, vegans don't consume any.
c. if the weather is fine.
d. to buy some bread.
e. I always try to go to work on foot.
f. because he needed to get up at 4 a.m.

6 Señala el conector lógico adecuado de los propuestos entre paréntesis

1. We had dinner and **(as well** - **secondly** - **then)** we went to see a movie.

2. I love science fiction films **(unlike** - **whereas** - **instead of)** you prefer dramas.

3. I'm not very good at maths, **(but** - **yet** - **so)** I can't help you.

4. The match was cancelled **(because** - **in spite of** - **because of)** the rain.

5. **(As long as** - **Unlike** - **Unless)** you hurry up, you'll miss your train!

7 Busca el conector lógico. Señala la respuesta correcta

1. I will run the marathon … it rains.
a. **though** **b.** **however** **c.** **despite** **d.** **even if**

2. You can borrow my car … you drive carefully.
a. **as long as** **b.** **unless** **c.** **even if**
d. **though**

3. I passed my exam … Lisa's help.
a. **because** **b.** **despite** **c.** **thanks to**
d. **in spite of**

4. They failed their driving test. …, they cannot drive.
a. **Because of** **b.** **As a consequence**
c. **Yet** **d.** **So as to**

5. … her brother, who loves meat, Jane is a vegetarian.
a. **whereas** **b.** **unless**
c. **unlike** **d.** **as well**

8 Los cinco conectores siguientes están mal colocados en las frases. Sitúalos correctamente

1. ……………………………………………I **HOWEVER** smoke. I **SO** stopped last year.

2. She's studied psychology and criminology **FINALLY**.

3. I love this house, **NO LONGER**, I don't have enough money to buy it.

4. I phoned her but she wasn't home, **AS WELL** I left a message.

→ ……………………………………………………………………………

→ ……………………………………………………………………………

→ ……………………………………………………………………………

→ ……………………………………………………………………………

El acento tónico

En inglés, algunas sílabas se escuchan más que otras. De hecho, en cada palabra, una sílaba lleva lo que se llama **el acento tónico**. En los diccionarios, se señala con un apóstrofo delante de la sílaba acentuada. En nuestros ejemplos, lo señalamos en negrita para que sea más evidente. En la práctica, la sílaba acentuada es más fuerte y más larga, se escucha claramente más que las otras (ej.: en la palabra **fantastic**, la sílaba fuerte es **ta**, así que oiremos fan**'tas**tic). La acentuación tiende a adquirirse por impregnación y exposición constante a la lengua. Sin embargo, no es totalmente arbitraria: existen algunas reglas que te pueden guiar (ver más adelante).

Acentuación de las palabras de 2 sílabas: algunas reglas

- **Las palabras de 2 sílabas sin sufijo** se acentúan generalmente en la 1.ª sílaba (ej.: '**ta**ble, '**i**mage, '**doc**tor). No obstante, existen algunas excepciones (ej.: he'**llo**). Si la primera sílaba es un prefijo, el acento recaerá en la segunda (ej.: mis'**ta**ke, un'**ha**ppy, a'**way**, for'**give**). También existen algunas excepciones (ej.: '**co**lleague, '**in**come). Si la última sílaba de la palabra contiene **aa**, **ee**, **ese**, **ette**, **eer**, **oo**, **ade**, el acento recae sobre esta última sílaba (ej.: cru'**sade**, laun'**derette**, ba'**zaar**, ba'**lloon**, ve'**neer**).
- **A tener en cuenta: las palabras de una sílaba** se acentúan, salvo si son auxiliares, preposiciones o artículos (ej.: the '**ca**t is on the '**cou**ch).

9 Una palabra de cada línea se acentúa en la 2.ª sílaba, ¿cuál?

1. image - people - July - children ➜ ....

2. angry - ago - money - mountain ➜ ....

3. promise - career - effort - killer ➜ ....

4. napkin - pepper - taboo - riddle ➜ ....

5. single - Chinese - toilet - verdict ➜ ....

10 Una palabra de cada línea se acentúa en la 1.ª sílaba, ¿cuál?

1. across - extreme - surprise - virus ➜ ....

2. asleep - today - cocoon - basket ➜ ....

3. trainee - insect - unfit - unreal ➜ ....

4. unfair - across - enough - apple ➜ ....

5. flavour - again - ago - baboon ➜ ....

Bravo, ¡has llegado al final de este capítulo! Ahora debes contabilizar los iconos y trasladar el resultado a la página 128 para la evaluación final.

18

Preposiciones

Las preposiciones

• **Los verbos seguidos de una preposición**

Funcionan de la misma manera que los verbos con partícula (o phrasal verbs), con los que se les confunde a menudo, y que abordaremos en el capítulo siguiente. La partícula de un phrasal verb forma parte del verbo y no de lo que le sigue, mientras que **la preposición** que acompaña a ciertos verbos **se combina con el nombre siguiente** y no con el verbo que precede. Ej.: en la frase «he gave up smoking», **up** forma parte integrante del verbo y no hace un bloque con smoking, por lo tanto se trata de un phrasal verb, mientras que en la frase «he lives in Paris», **in** forma un bloque con París, y por tanto se trata de un verbo seguido de una preposición.

• **Las principales preposiciones y sus traducciones**

– **at:** a, en, hacia. Al contrario que in, indica una posición espacial en un lugar preciso y circunscrito (ej.: I'll meet you at the station).

– **from:** de, desde. Indica un origen, una procedencia o un punto de partida (ej.: he comes from Berlin) o el comienzo de un hito temporal (ej.: I'm on holidays from the 5th to the 20th).

– **on:** en, sobre, encima. Expresa generalmente la idea de reposar sobre una superficie (ej.: the cat's on the table).

– **out:** traduce la idea de exterior, de exteriorización o de extracción (ej.: take the groceries out of the bag / to be out of town = estar desplazándose).

– **to:** a, hacia. Indica un movimiento, un destino, un objetivo, una meta, un fin de hito temporal/espacial (ej.: I'm going to the cinema / I work from Monday to Sunday / I drove from Madrid to Paris).

1 Completa los espacios eligiendo entre at, to, from, from... to, on, out

1. My keys were .... the table. Have you seen them?
2. Could you take the rubbish ....?
3. I saw James today .... the bus stop. He was going .... work.
4. I will be away .... the 10th .... the 21st.
5. She lives in London but she is .... Ireland.

Principales preposiciones (continuación)

- **across:** a través, atravesar una superficie (ej.: he swam across the Channel).
- **around:** alrededor (de), en los alrededores, o idea de proximidad vaga (ej.: to look around / I just walked around → solamente me doy una vuelta).
- **by:** por, junto a, al lado de (ej.: they walked by the river).
- **in:** en, dentro. Indica la idea de interioridad. Se utiliza también para situar un objeto en un lugar extenso, en oposición a **at** (ej.: my glasses are in a case / I live in Burgos).
- **for:** por, para, durante. Se utiliza para dar una razón, mencionar un destinatario y en expresiones que indican una búsqueda (ej.: the reason for the delay is unknown / this present is for you / they are searching for oil in this area).
- **of:** de algo → complemento de nombre o complemento de objeto directo (ej.: free of charge, to die of cancer, to have a good knowledge of English).
- **over:** sobre, por encima de (ej.: he stepped over the wall), idea de cobertura de una superficie (ej.: I spread a comforter over the sofa).
- **through:** a través de, idea de atravesar un volumen (ej.: he threw the book through the window).

2 Señala la respuesta correcta entre las que te ofrecemos entre paréntesis

1. A dangerous criminal has escaped **(of** - **over** - **from)** prison.

2. I would love to live **(around** - **at** - **by)** the sea.

3. She has travelled all **(through** - **around** - **across)** the world.

4. I spilled wine all **(across** - **through** - **over)** the table.

5. «A way **(over** - **through** - **out)**» is a solution.

6. We can see everything **(through** - **across** - **around)** this curtain.

7. She was born **(at - in - from)** Dublin.

Diferencias de construcción: inglés frente a español

- Algunos verbos son intransitivos tanto en español como en inglés, es decir que van seguidos de una preposición, pero la preposición puede no ser la misma. Así pues, hay que aprenderse la construcción de estos verbos (ej.: brindar **por** = to drink **to**).
- Algunos verbos, que van seguidos de una preposición en español, no la llevan en inglés. En español, decimos por ejemplo **preguntar a alguien**, mientras que en inglés se dice **to ask Ø someone**. Funcionan de esta manera los verbos **fit**, **benefit**, **remedy**, **resemble**, **address**, **doubt**, **witness**, **forgive**, **need** entre otros (ej.: necesito a mis amigos = I need Ø my friends).
- Algunos verbos no van seguidos de preposición en español, pero sí en inglés. De nuevo, hace falta aprenderse la construcción de estos verbos (ej.: aprobar = to approve **of** something, comentar algo = to comment **on** something). Funcionan de esta manera los verbos **hope for**, **look at**, **wait for**, por ejemplo.

3 Elige entre of, in, Ø, for, on, to

1. The decision doesn't depend .... you.
2. He answered .... the questions the detective asked.
3. Don't wait .... me. I'm going to be late.
4. I listen .... the radio all day.
5. Do you believe .... God?
6. It's a miracle. She's survived .... the accident.
7. It smells good in here. It smells .... coffee.

4 Señala la preposición correcta

1. Are you afraid ... spiders? **(at - of - on)**
2. I've never been very good ... maths. **(in - at - on)**
3. He's very interested ... photography. **(in - on - of)**
4. She is very different ... her sister. **(on - of - from)**
5. He is responsible ... the accident. **(on - of - for)**

A tener en cuenta

- Los adjetivos y los nombres van seguidos a veces igualmente por una preposición, que hay que aprenderse a la vez que el adjetivo o el nombre en sí mismos.
- Hay algunas locuciones o expresiones habituales con preposición que debemos conocer (ej.: for example = por ejemplo).

5 Relaciona cada locución preposicional con su traducción

1. for instance •
2. instead of •
3. by mistake •
4. at least •
5. on the contrary •

- • **a.** por error
- • **b.** en lugar de
- • **c.** por ejemplo
- • **d.** al contrario
- • **e.** al menos

Vocabulario de la ciudad

La palabra **ciudad** se puede traducir como **town** o **city**. **Town** designa una ciudad pequeña o mediana. El término **city** se reserva a las grandes ciudades. Prueba tu vocabulario sobre el tema realizando los ejercicios aquí abajo.

6 Relaciona cada lugar con la traducción que le corresponde

1. post office •
2. town centre •
3. station •
4. town hall •
5. police station •

- • **a.** la oficina de correos
- • **b.** la comisaría
- • **c.** el ayuntamiento
- • **d.** la estación
- • **e.** el centro de la ciudad

7 Ordena las letras para encontrar la traducción de las siguientes palabras

1. metro ➜ NDDERGROUUN ➜ ....
2. semáforo ➜ CITFAFR - TGIHL ➜ ....
3. cruce ➜ CROROADSSS ➜ ....
4. parking ➜ ARC - ARPK ➜ ....
5. afueras ➜ BRUBUS ➜ ....
6. atasco ➜ AFFICTR - AJM ➜ ....

8 Escribe el número en la casilla del dibujo correspondiente

1. zebra crossing **2.** turn right **3.** turn left **4.** traffic lights **5.** straight on

☐ ☐ ☐ ☐ ☐

9 Relaciona las preposiciones, locuciones preposicionales y adverbios de lugar con su traducción

1. over	**a.** en medio
2. among	**b.** cerca de
3. in front of	**c.** encima
4. around	**d.** entre (dos cosas)
5. in the middle	**e.** bajo
6. near/close to	**f.** detrás
7. next to	**g.** frente a
8. somewhere else	**h.** entre (más de dos cosas)
9. nowhere	**i.** sobre/por encima de
10. between	**j.** ninguna parte
11. everywhere	**k.** alrededor
12. above	**l.** al lado
13. behind	**m.** en otro lugar
14. under	**n.** por todas partes

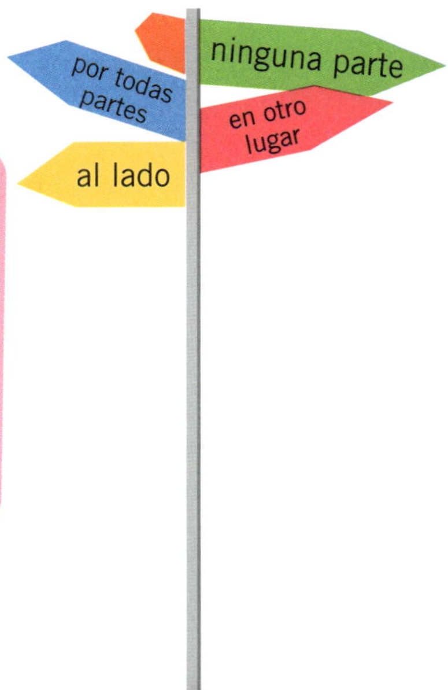

Acentuación de las palabras de 2 sílabas (continuación)

Las palabras de dos sílabas se acentúan en la primera en los nombres y adjetivos, pero en la segunda en los verbos (ej.: a **'con**test / to con**'test**). No obstante, hay excepciones (ej.: to **'al**ter, to **'com**ment, to **'suf**fer, to **'su**pervise, to **'da**mage, to **'e**ducate, to **'o**ccupy, to **'pro**fit, entre otros). Por otro lado, los verbos que terminan en **ow**, **en**, **y**, **er**, **le**, **ish** llevan el acento en la primera sílaba.

10 En cada línea, solo un verbo se acentúa en la 1.ª sílaba, ¿cuál?

1. to accept, to adopt, to agree, to answer → ....
2. to comfort, to combine, to complain, to conclude → ....
3. to decide, to differ, to define, to divorce → ....
4. to emerge, to employ, to enter, to escape → ....
5. to suggest, to suppose, to survive, to suffer → ....
6. to obey, to offend, to oppose, to offer → ....
7. to afford, to copy, to control, to debate → ....
8. to despair, to divide, to envy, to enjoy → ....
9. to open, to evade, to propose, to protect → ....
10. to possess, to support, to surprise, to publish → ....

11 Señala el intruso

1. to finish - to adapt - to collect
2. to deserve - to borrow - to dismiss
3. to worry - to oppose - to follow
4. to permit - to cover - to believe
5. to listen - to pretend - to avoid

12 Declina la acentuación de cada 2.ª frase como en el ejemplo

Ej.: a 'permit / to per'mit

1. He made a '**pro**test / He likes to protest
2. He wants to ob'**je**ct / What is this object?
3. This produce is an '**im**port / We import from India
4. Teenagers like to re'**be**l / He is a rebel
5. The police re'**co**rd interviews / I collect records

Bravo, ¡has llegado al final de este capítulo! Ahora debes contabilizar los iconos y trasladar el resultado a la página 128 para la evaluación final.

19

Verbos con partícula (phrasal verbs)

Principio y funcionamiento

Contrariamente a la preposición que sigue a un verbo, **la partícula de un phrasal verb forma un todo con el verbo:** no se puede separar de él sin que cambie el sentido. La particula tiene una función de adverbio. El conjunto verbo + partícula significa algo más que la suma del significado del verbo solo con el de la partícula. La partícula a veces solo refuerza el sentido del verbo (ej.: please slow down ➜ aquí **down** refuerza la noción de disminución, ya contenida en el verbo **to slow**) pero también puede cambiar completamente su significaco, para crear un significado idiomático diferente (ej.: he gave up smoking last year ➜ sin **up**, el verbo **to give** significa **dar** y no **abandonar** / I'll come up with a solution ➜ **come** solo significa **venir**, pero **come up with** significa **encontrar**).

1 Los verbos subrayados siguientes, ¿son verbos con partícula o simples verbos seguidos de una preposición? Señala la casilla correcta

1. We checked in at a 5 star hotel. ☐ V. con partícula ☐ V. seg. de preposición
2. My phone is in the car. ☐ V. con partícula ☐ V. seg. de preposición
3. The cat is sleeping on the couch. ☐ V. con partícula ☐ V. seg. de preposición
4. Don't mind me. Carry on! ☐ V. con partícula ☐ V. seg. de preposición
5. The sun is up. ☐ V. con partícula ☐ V. seg. de preposición
6. We're getting late, hurry up! ☐ V. con partícula ☐ V. seg. de preposición
7. He was brought up by his aunt. ☐ V. con partícula ☐ V. seg. de preposición
8. Throw it out of the window! ☐ V. con partícula ☐ V. seg. de preposición
9. «Watch out!» means «be careful!» ☐ V. con partícula ☐ V. seg. de preposición
10. We had a try but it didn't work out. ☐ V. con partícula ☐ V. seg. de preposición
11. The car went down the avenue. ☐ V. con partícula ☐ V. seg. de preposición
12. You should cut back on cigarettes. ☐ V. con partícula ☐ V. seg. de preposición

Significado de las partículas

En los phrasal verbs, el significado de las partículas es generalmente más abstracto que las preposiciones. Las principales partículas pueden expresar las siguientes nociones:

- **away**: idea de alejamiento o disminución (ej.: put things away = guardar / to walk away = alejarse)
- **back**: idea de devolver o retener (ej.: to pay back = reembolsar / to hold back your tears = retener las lágrimas)
- **in**: idea de terminación, de completar (ej.: to fill in a form = rellenar un impreso).
- **off**: idea de extinción, de partida, de corte (ej.: switch off the TV = apagar la TV / to be off = salir, irse / we were cut off during our phone conversation = se cortó nuestra llamada de teléfono)
- **on**: idea de continuación o de encendido (ej.: to sing on = continuar cantando / to switch on the light = encender la luz).

2 Relaciona los verbos con partícula con sus sinónimos

1. come back
2. carry on
3. give in
4. get away
5. hang on
6. call off

a. continue
b. wait a minute
c. cancel
d. escape
e. abandon
f. return

Significado de las partículas (continuación)

- **out**: idea de clarificación, de explicitación (ej.: speak out = explicarse, hablar claramente), de distribución (ej.: the sheets were handed out to the pupils), de aparición repentina (ej.: the war broke out) o de extinción progresiva (ej.: my shoes are worn out = gastados).
- **up** y **down**: tienen un sentido concreto de movimiento hacia arriba/abajo (ej.: get up / sit down). Pero **up** también está asociado a la idea de completar una acción (ej.: to button up = abrochar), de aumento, de mejora y de optimismo (ej.: to cheer up = subir la moral, animarse), y **down** la idea de disminución, de pesimismo o de reducción (ej.: to play down = minimizar).

3 Coloca las partículas de la derecha en el lugar correcto para encontrar la traducción de los siguientes verbos, todos derivados del verbo look

1. look something .... → to search information in a book/database

2. look .... → to consider inferior, to despise

3. look .... → admire

4. look .... → to try to find something

5. look .... → be careful

up to · for · down on · up · out

4 Completa las frases colocando los phrasal verbs siguientes en el lugar correcto

keep off · fall down · climb up · take off · make up · burst out

1. She .... crying when she heard he had died.

2. Don't .... trees, it's dangerous. You're going to ....

3. .... the lawn! It's forbidden to walk on it!

4. You should .... your cap when entering a religious building.

5. «I can't .... my mind» means «I can't decide».

5 Señala la traducción correcta de los siguientes phrasal verbs

1. **to pick out** = to choose - to avoid

2. to turn down = to go to bed - to reject

3. to pass away = to leave - to die

4. to find out = to discover - to show

5. to cut off = to suppress - to flee

6. to put up with = to tolerate - to help

7. to get on with = to like - to accompany

8. to blow up = to explode - to whistle

9. **to cheer up** = to lift - to become happier

10. to speak up = to speak louder - to sing

Vocabulario de la alimentación

Como dice el humorista americano Jackie Mason: «England is the only country where food is more dangerous than sex». En efecto, es posible sobrevivir en un país anglosajón alimentándose de curry (hindú), de *Fish and Chips* y de hamburguesas. Si no quieres arriesgarte a confiar ciegamente en el camarero y encontrarte cara a cara con un trozo de cordero cubierto de una salsa a la menta o con un suculento *haggis* (morcilla escocesa), la mejor manera de protegerte será conociendo un poco de vocabulario.

6 Completa las frases colocando las palabras en el lugar correcto

starter LUNCH rare
hungry tip main course
thirsty meals well-done
dressing BREAKFAST

1. You eat when you are .... and you drink when you are ....

2. There are generally three .... in a day : ...., ... and dinner.

3. Meat is eaten .... (not very cooked), medium, or .... (well cooked).

4. A menu is composed of a ...., a .... and a dessert. The sauce on a salad is called a ....

5. When you go to the restaurant and you are happy with the service, you can leave a ....

7 Ordena las letras para encontrar las palabras que faltan y dar la traducción de los siguientes productos

1. sal: **LTAS** → ....
2. pan → **B _ _ A _**

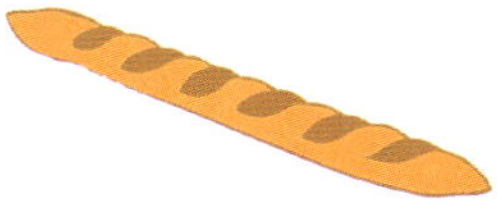

3. pasta → **P _ _ _ A**
4. pimienta: **ERPEPP** → ....
5. arroz → **R _ C _**
6. cordero → **L _ _ B**

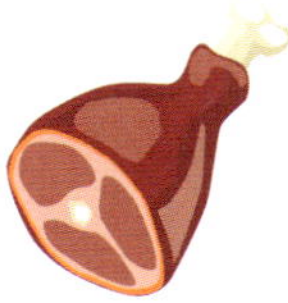

7. jamón → **H _ _**
8. buey → **B _ _ F**
9. gamba → **SH _ _ M _**
10. leche → **M _ _ K**
11. mantequilla → **B _ _ _ E _**
12. café → **C _ F _ _ _**
13. agua → **W _ _ _ _**
14. zumo → **J _ _ C _**
15. vino → **_ _ N _**
16. cerveza → **B _ _ _**
17. mostaza: **DMSRATU** → ....

8 ¿Qué dirías en un brindis? Señala la respuesta

a. ☐ Cheese! b. ☐ Jeeze! c. ☐ Cheers!

9 Rellena el siguiente crucigrama ayudándote de las definiciones siguientes

Across
1. espinaca
2. manzana
3. col
4. tomate
5. lechuga
6. ciruela
7. limón
8. cereza
9. puerro

Down
A. pimiento
B. guisantes
C. pera
D. pepino
E. uva

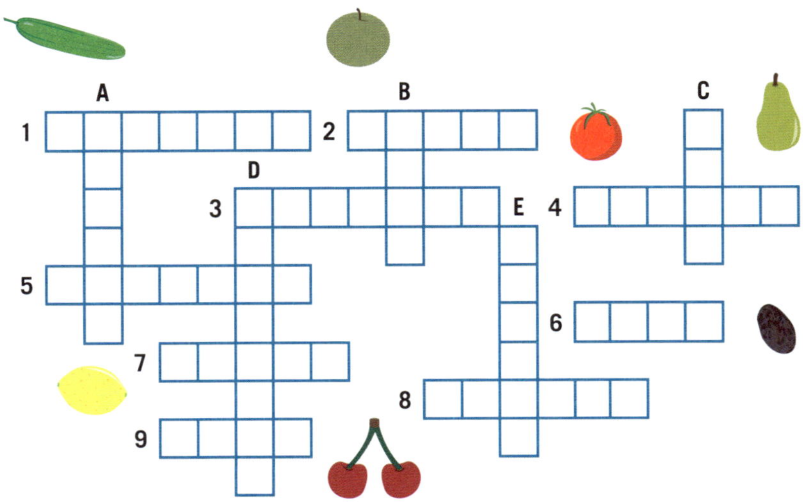

10 Tacha el intruso

1. grapefruit - potato - cucumber - pepper

2. carrot - asparagus - bean - pineapple

3. apricot - raspberry - strawberry - lettuce

4. banana - artichoke - mango - orange

Acentuación de las palabras con sufijo

La acentuación de las palabras que llevan los sufijos neutros **ist**, **ism**, **ish**, **ly**, **ed**, **ing**, **ment**, **ness**, **ful**, **man**, **able**, **ship** es la misma que la de la palabra raíz. El añadir el sufijo no cambia nada (ej.: **'ac**tive ➜ **'ac**tivist / **'so**cial ➜ **'so**cialism / **'in**terest ➜ **'in**teresting).

11 Señala las palabras que están correctamente acentuadas

1. gradu**'al**ly, trea**'sur**er, **'des**troyed

2. questio**'ning**, deve**'lop**ment, **'men**talist

3. **'ex**ploitable, in**'sul**ting, **'plea**santly

4. al**'co**holism, **'a**mazing, in**'ven**ted

5. dog**'ma**tism, beau**'ti**ful, **'part**nership

12 Subraya la sílaba acentuada en cada una de las palabras siguientes

1. amazing - offered - unhappiness - teacher

2. certainly - humanism - fireman - readable

3. elegantly - wonderful - answering - relationship

4. cartoonist - changeable - anxiousness - worrying

5. carefully - naturalist - nourishment - numbered

6. happily - delighted - correctly - friendship

7. painter - contrasting - washable - fairness

8. interesting - meaningful - yellowish - happened

Bravo, ¡has llegado al final de este capítulo! Ahora debes contabilizar los iconos y trasladar el resultado a la página 128 para la evaluación final.

20

Voz pasiva

Generalidades

- **Formación:** sujeto + **be** (conjugado en el tiempo del verbo de la frase activa) + participio pasado del verbo de la frase activa (ej.: the children broke the vase ➜ the vase was broken by the children)

– si el agente está explícito, va introducido por **by** (ej.: the telephone was invented by Alexander Graham Bell).

– el sujeto de la frase activa se convierte en complemento de agente de la frase pasiva y el complemento de objeto directo de la frase activa se convierte en sujeto de la frase pasiva (ej.: **frase activa:** a pickpocket stole my purse ➜ **frase pasiva:** my purse was stolen by a pickpocket).

- **Usos comunes con el español:** cuando se quiere insistir sobre la acción y sobre la persona que la sufre y no sobre el autor (ej.: this castle was built in the 12th century = este castillo fue construido en el siglo XXII), en particular cuando la identidad del autor no es conocida/importante o, por el contrario, cuando es claramente evidente y no hace falta mencionarla (ej.: he was assaulted ➜ él fue asaltado, pero no se sabe por quién / he was arrested ➜ él fue arrestado, se supone que por la policía).

1 Escribe el participio pasado de los siguientes verbos

1. find ➜ ....
2. send ➜ ....
3. be ➜ ....
4. sing ➜ ....
5. cut ➜ ....
6. tell ➜ ....
7. forget ➜ ....
8. hit ➜ ....
9. cook ➜ ....
10. let ➜ ....
11. write ➜ ....
12. steal ➜ ....
13. think ➜ ....
14. lose ➜ ....
15. go ➜ ....

2 Pon en pasiva las siguientes frases

1. J.K. Rowling wrote *Harry Potter*.

➜ ....

2. Sam's father has designed this car.

➜ ....

Usos específicos del inglés

- En las frases que en español son pasivas **reflejas** o **impersonales con se** (ej.: se hacen muffins en esta fábrica = muffins are made in this factory), en especial con los verbos de pensamiento, de opinión y de palabra como **know**, **say**, **think**, **believe**, **suppose**, **consider**, **tell** (ej.: he is said to be rich = dicen que es rico / I was told that she had died = Me dijeron que había muerto).
- Con los verbos con dos complementos como **give**, **send**, **teach**, **ask**, **tell**, **show**, **offer**, **lend**. En español, utilizamos la forma impersonal (ej.: me han dado un ordenador = I was given a computer).

3 Relaciona cada elemento de la columna A con un elemento de la columna B para reconstruir la traducción de las siguientes frases en español

Frases en español	A
1. No se puede confiar en él	He can't •
2. Se le ha dado un móvil	He was •
3. La factura se ha pagado	The bill has •
4. Me han pedido que dé un discurso	I was asked •
5. Se habla español	Spanish is •

B
• given a mobile
• be trusted
• spoken here
• been paid (for)
• to deliver a speech

4 Separa las palabras por el lugar correcto

1. **weweregivenaroomwithaview** (nos dieron una habitación con vistas)

➜ ....

2. **heissaidtobeaselfishman** (dicen que él es egoísta)

➜ ....

3. **theproblemwillbedealtwithbythemechanic** El problema será resuelto por el mecánico)

➜ ....

Otros usos a saber

Para traducir los **giros impersonales** (ej.: no está hecho = it is not done), y los **giros infinitivos** como: por/a ver, por/a hacer, por/a contactar, etc. (ej.: queda por ver = it remains to be seen).

5 Ordena las palabras para traducir las siguientes frases al inglés

1. Se bebe té en todo el mundo
   world/drunk/tea/over/is/all/the
   → ....

2. Personas a contactar en caso de urgencia
   people/case/to/be/an/of/emergency/contacted/in
   → ....

3. Me dijeron que Peter estaba gravemente enfermo
   ill/I/was/Peter/told/that/seriously/was
   → ....

4. Le han ofrecido un trabajo muy interesante en Japón
   job/offered/interesting/he/a/very/was/in/Japan
   → ....

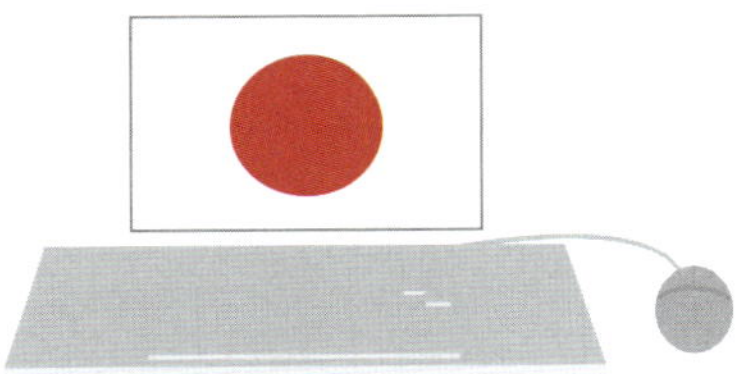

Caso de verbos con preposiciones

Si el verbo de la frase activa lleva una preposición, no hay que olvidar ponerlo al final de la frase en la forma pasiva (ej.: the children laughed at the little girl → she was laughed **at**).

6 Termina las siguientes traducciones prestando atención a la preposición

1. Se cuidará de los niños → the children will .... (prendre soin de = to take care of)
2. Se busca una solución → a solution .... (buscar = to look for)
3. Se habló de este escándalo durante años → this scandal .... for years. (hablar de = to talk about)

Los sinónimos

Un sinónimo es una palabra que tiene un significado muy parecido, «a word you use when you can't spell the word you first thought of», dice el músico americano Burt Bacharach. Puede resultar útil conocer los más comunes para poder utilizarlos si te quedas en blanco, para incrementar tu comprensión escrita y oral… ¡o para hacer los ejercicios del cuaderno Assimil!

7 Relaciona cada palabra con su sinónimo

1. cure	**a.** offense
2. rescue	**b.** accuse
3. crime	**c.** save
4. sickness	**d.** heal
5. blame	**e.** disease

8 Ordena las letras para formar el sinónimo de las siguientes palabras

1. agreement : **LADE**
→ ....

2. strange : **DOD**
→ ....

3. perhaps : **BMYAE**
→ ....

4. prepared : **EYDRA**
→ ....

5. close : **TUHS**
→ ....

6. capable : **EBAL**
→ ....

7. gift : **TNESPRE**
→ ....

8. absent : **SIMSGNI**
→ ....

9 Coloca las siguientes palabras al lado de su sinónimo

glad - afraid - famous - exhausted - mistake - prison - huge - wonderful

1. popular
→ ....

2. very tired
→ ....

3. fantastic
→ ....

4. enormous
→ ....

5. error
→ ....

6. happy
→ ....

7. scared
→ ....

8. jail
→ ....

10 Localiza el intruso

1. cute - lovely - sweet - selfish

2. stupid - clever - foolish - silly

3. shy - accurate - correct - right

4. regular - ordinary - unusual - common

11 Separa las palabras y encuentra el intruso, como en el ejemplo

Ej.: cleverbrightstupidintelligent → clever/bright/stupid/intelligent. El intruso es: stupid

1. hugetinygiganticenormous - **El intruso es:** ....

2. pleasedcrossdelightedglad - **El intruso es:** ....

3. angryfuriouskindoutraged - **El intruso es:** ....

Vocabulario de la casa

Hay dos palabras para traducir **casa**. **House** se refiere al edificio, la construcción en sí misma, mientras que **home** es el hogar, la residencia. ¡Ahora te toca a ti traducir el resto!

12 Ordena las letras para formar la traducción de las siguientes palabras

1. ventana: **WODNIW**
   ➜ ....
2. pared: **LAWL**
   ➜ ....
3. puerta: **OROD**
   ➜ ....
4. sillón: **AIRHCMRA**
   ➜ ....
5. sótano: **LLECAR**
   ➜ ....
6. tejado: **OFOR**
   ➜ ....
7. escaleras: **AIRSST**
   ➜ ....
8. alacena: **RDUPCOAB**
   ➜ ....
9. cama: **EDB**
   ➜ ....
10. silla: **RAIHC**
    ➜ ....
11. sofá: **FAOS**
    ➜ ....
12. cocina: **CHENTIK**
    ➜ ....
13. cuarto de baño: **OMRHTABO**
    ➜ ....
14. piso: **TALF**
    ➜ ....

Acentuación de las palabras de 3 sílabas sin sufijo

Las palabras de 3 sílabas sin sufijo se acentúan generalmente en la primera sílaba (ej.: **'di**fficult, **'ye**sterday), salvo si se trata de un prefijo o si la palabra viene del latín (entonces se acentúan en la segunda, (ej.: dis**'ho**nest, sa**'la**mi, py**'ja**mas). Hay algunas excepciones.

13 ¿Verdadero o falso?

1. **'a**nimal	☐ V	☐ F
2. **'e**leven	☐ V	☐ F
3. **'um**brella	☐ V	☐ F
4. **'No**vember	☐ V	☐ F
5. **'to**lerant	☐ V	☐ F
6. **'cro**codile	☐ V	☐ F
7. un**'com**mon	☐ V	☐ F

Acentuación de las palabras de 3 sílabas que llevan sufijos no neutros

Las palabras que terminan en **ic/ics** llevan el acento en la penúltima sílaba (ej.: eco'**no**mics). No obstante, hay algunas excepciones (ej.: '**A**rabic, entre otras).

14 Subraya la sílaba acentuada (se han colado algunas excepciones en el ejercicio)

1. family, apricot, potato, remember, origin
2. genetics, allergic, company, automatic
3. consequence, hospital, scientific, vinegar
4. continent, cathedral, politics, Catholic, horizon

Acentuación de las palabras de 3 sílabas que llevan sufijos no neutros (continuación)

En las palabras que llevan los sufijos **ial, ual, ian, iar, ial, ion, ious, sion, tion, ient, cious, tious, ible, ity, logy, graphy**, el acento recae sobre la sílaba que precede al sufijo (ej.: fi'**nan**cial, indi'**vi**dual, ci'**vi**lian, con'**clu**sion, defi'**ni**tion, am'**bi**tious, in'**cre**dible, possi'**bi**lity, ge'**o**graphy, fa'**mi**liar). Las palabras que terminan en **ory/ary**, **ate**, **ize** se acentúan en la segunda sílaba antes del sufijo, es decir, sobre la ante-ante-penúltima sílaba (ej.: '**ne**cessary, cer'**ti**ficate, '**cri**ticize).

15 ¿Verdadero o falso? Tacha las opciones falsas

1. famili'**a**rity
2. contri'**bu**tion
3. idea'**li**se
4. '**de**lirious
5. tech'**no**logical
6. re'**mar**kable

16 Subraya la sílaba acentuada

1. biography, category, derogatory, communicate
2. delicious, impossible, psychology, necessary
3. ambitious, hilarious, technology, majority
4. analyse, communication, impatient, personality

Bravo, ¡has llegado al final de este capítulo! Ahora debes contabilizar los iconos y trasladar el resultado a la página 128 para la evaluación final.

1. Presente

1 **1.**c; **2.**c; **3.**b; **4.**c; **5.**b; **6.**a; **7.**b

2 **1.** You **are always smoking** / You **know** I **hate** that! **2.** The film **begins** **3.** I usually **go** **4.** **I'm** not **giving** **5.** You**'re being**

3 **1.** What **are** you **thinking** about? **2.** He **looks** like his mother **3.** I **need** to go to the doctor's **4.** What **do** you **think** of this book? **5.** the neighbours **have** a new car

4 **1.** worries **2.** punishes **3.** finishes **4.** dresses **5.** destroys **6.** buys

5 **1.** living **2.** keeping **3.** wearing **4.** playing **5.** picnicking **6.** admitting **7.** suffering **8.** drawing **9.** breaking

6 **1.** good **2.** well **3.** good **4.** well **5.** good **6.** well/well **7.** good

7 **1.** actually - at the moment **2.** carpet - folder **3.** large - ancho **4.** humillar - to get pregnant **5.** remove - to stir **6.** prudente - sensitive **7.** fabric - factory

8 **1.** As cool as a cucumber **2.** Pigs might fly

9 **1.** [iz]; **2.** [z]; **3.** [z]; **4.** [iz]; **5.** [z]; **6.** [iz]; **7.** [iz]; **8.** [s]; **9.** [iz]; **10.** [s]

10 **1.** La desinencia se pronuncia [ss] en todas las palabras, **salvo en eats** [s] **2.** La desinencia se pronuncia [s] en todas las palabras, **salvo en burns** [ss] **3.** La desinencia se pronuncia [ss] en todas las palabras, **salvo en recognizes** [is] **4.** La desinencia se pronuncia [ss] en todas las palabras, **salvo en counts** [s]

2. Present perfect

1 **1.** since - for **2.** for - since **3.** since - for **4.** for - since

2 **1.**c; **2.**a; **3.**d; **4.**b; **5.**f; **6.**e

3 I have always loved Ireland. I **have lived** here since 2005. **I've been renting** a nice little flat in Dublin **for** 6 months. I have **found** an interesting job. **I've been working** here **for** three months (...) **I've been trying** to learn more about Irish cooking for a couple of months (...)

4 **1. I have already done** it. **2.** He **has been smoking** **3.** I **have been** (...) **since** 2002 **4. Have** you ever **heard** of (...) ?

5 **1.**a (no obstante, ten en cuenta que «I am/I feel good» está generalizado y es muy común en inglés americano).

2.c; **3.**b; **4.**a y c; **5.**a y b; **6.**c

6 **1.** much **2.** carefully **3.** difficulty **4.** hurt **5.** very **6.** good

7 **1.** La **i** se pronuncia [i] en todas las palabras, salvo en **decide**. **2.** La **i** se pronuncia [ai] en todas las palabras, salvo en **differ**. **3.** La **i** se pronuncia [ai] en todas las palabras, salvo en **children**. **4.** La **i** se pronuncia [i] en todas las palabras, salvo en **drive**.

8 **1.**b; **2.**b; **3.**a; **4.**b

9 **1.** try (la **y** se pronuncia [ai]) **2.** neighbour (la **ei** se pronuncia [ei]) **3.** hear **4.** heavy (la **y** se pronuncia [i], se pronuncia [ai] en las otras palabras) **5.** justify (la **y** e pronuncia [ai], se pronuncia [i] en las otras palabras) **6.** funny, crazy, money **7.** sweat (la **ea** se pronuncia [e] mientras que en las otras palabras se pronuncia [i])

10 **1.** great (la **ea** se pronuncia [ei]) **2.** asylum (la **y** se pronuncia [ai]) **3.** sign (la **i** se pronuncia [ai]) **4.** violence (la **i** se pronuncia [ai]) **5.** badge (la **a** se pronuncia [a]) **6.** en ninguna, ¡todas llevan el sonido [i]!

3. Past simple

1 **1.** solo **know** es irregular **2.** solo **ask** es regular **3.** solo **buy** es irregular **4.** solo **need** es regular **5.** solo **walk** es regular **6.** solo **wash** es regular

2 **talk** - regular - talked / **meet** - irregular - met / **drink** - irregular - drank / **become** - irregular - became / **wear** - irregular - wore / **cry** - regular - cried / **open** - regular - opened / **compare** - regular - compared / **let** - irregular - let

3 **1.** left **2.** went **3.** fought **4.** stopped **5.** did not/didn't **6.** worked

4 **1.** did not hear / was having (...) rang. **2.** were (...) doing / was watching **3.** were playing /started **4.** was doing (...) heard / was listening

5 **1.** during **2.** for - since **3.** ago **4.** already **5.** ever **6.** yet

6 **1.** rented (...) for - bought **2.** have broken **3.** have smoked since **4.** saw (...) ago

7 tapped - closed - explained - followed - worried - robbed - lived - preferred - topped - created - believed - studied - chatted - picnicked

8 **1.** take / have a break **2.** have lunch **3.** have a drink **4.** take a bath (EEUU) / have a bath (inglés) **5.** take a holiday **6.** take a seat **7.** take/have a look **8.** have fun

9 **1.** I was wrong, you were right **2.** Peter is 32 **3.** The children are afraid of the dog **4.** They are cold in the cottage **5.** I often have a headache

10 **1.** easy **2.** freedom **3.** hard **4.** enough **5.** silly

11 **1.** [id]; **2.** [t]; **3.** [d]; **4.** [d]; **5.** [id]

12 **1.** dos **2.** dos **3.** una **4.** una **5.** dos **6.** dos **7.** tres **8.** dos **9.** dos **10.** una

13 **1.** Todos los **ed** se pronuncian [d] excepto en **fixed** [t] **2.** Todos los **ed** se pronuncian [id] excepto en **explained** [d] **3.** Todos los **ed** se pronuncian [t] excepto en **expected** [id] **4.** Todos los **ed** se pronuncian [d] excepto en **included** [id]

4. Futuro

1 **1.**d; **2.**e; **3.**a; **4.**c; **5.**b

2 **1.**b; **2.**b; **3.**a; **4.**c; **5.**c

3 **1. Shall I close** the window? **2. are getting** married **3.** the play **begins** **4. shall** we? **5. I'll go** out

4 **1.** did - made **2.** do - make **3.** make - did **4.** do **5.** make

5 **1.**c; **2.**d; **3.**e; **4.**a; **5.**f; **6.**b

6 Hay que señalar (aquí están corregidas): abbreviation, aggressive, apartment, base, character, comfort, consequence, exaggeration, future, illegal, immediately, Ireland, language, literature, mechanic, mosquito, pesimist, ridiculos, similar, terrible, traffic

7 **1.** husband - wife **2.** daughter **3.** brother - sister **4.** uncle **5.** aunt **6.** mother-in-law **7.** nephew

8 **1.** dress - suit - clothes - trousers - shirt - jacket - socks - skirt - sweater - coat **2.** purse - cap - hat - shoe - scarf - tie - handkerchief - glove - belt - umbrella

9 **1.** solo la **i** de **children** se pronuncia [i] **2.** solo la **i** de **live** se pronuncia [i] **3.** solo la **i** de **spinach** se pronuncia [i] **4. eight**, ya que **ei** se pronuncia [ei] **5.**d

10 **[i] corta:** corta: shit - fill - rid - bin - chip - sit - sick - ship - live - bitch - lick / **[i] larga:** seek - beach - leek - seat - leave - sheep - read - feel - cheap - bean - sheet

11 **1.** hit **2.** lives **3.** sleep **4.** sick

12 **1.** solo la [i] de **lick** es corta **2. mate** lleva los sonidos [i]/[ai], se pronuncia [mei - t] **3.** solo la [i] de **ill** es corta; además, no lleva h aspirada **4.** la primera sílaba de **sailing** lleva el sonido [ei] y no [i] **5.** solo la [i] de **still** es corta

5. Verbos modales

1 **1.** must - should **2.** must **3.** would - could **4.** may - should **5.** can - can

2 **1.** She said that she would do it **2.** I was not allowed to come **3.** Shouldn't you smoke less?

4. Would you like to go out tonight? **5.** I will have to do the shopping

3 **1.** I can arrive (...) **2.** I had to see (...) **3.** I may leave (...) **4.** Will I be allowed to call him? **5.** I must tell them

4 **1.** thanks **2.** bother **3.** get **4.** see (...) later

5 **1.** Con**gra**tu**la**tions! **2.** How **are** you? **3.** How do you do? **4.** Good **luck**! **5.** You're **wel**come / don't **men**tion it / not at **all**

6 **b > c > a > d**

7 **1.**a; **2.**c; **3.**a y c; **4.**c; **5.**d; **6.**c

8 **1.** [e] cerrada - [a] - [e] cerrada **2.**a **3.** fashion (la **a** se prononce [a] nasal, como en cat, y no [e] o [ei]) **4.** agony (la **a** se pronuncia [a]) **5.** final (la **a** se pronuncia [e])

9 **1. tune** (la **u** no se pronuncia [a] cerrada sino [iu]) **2. ruby** (la **u** no se pronuncia [a] cerrada sino [ou]) **3. fudge** (la **u** no se pronuncia [ou] sino [a] cerrada) **4. open** (la **o** se pronuncia [ou] mientras que se pronuncia [a] en las otras palabras) **5. hood** (única palabra en la que no se escucha el sonido [a] cerrada; la **oo** se pronuncia [u])

10 destruction - luck - god - brother - colour - stuck - seduction - rough

11 **1.** gibbon **2.** sleigh **3.** getaway **4.** twig

12 germ - giant (observa que en la palabra spring, no se escucha realmente el sonido [g] sino más bien una [n] nasal, entre la [n] y la [ng])

13 weigh - though - sigh - borough

6. Verbos: ¿to, ing o Ø?

1 **1.**b; **2.**a; **3.**a; **4.**b

2 **1.** Ø go **2.** to go **3.** to go **4.** Ø go

3 **1.** swimming **2.** watching **3.** to see **4.** making **5.** laugh

4 Las frases siguientes eran incorrectas (aquí están corregidas): **1.** Cooking pasta is not as easy as it seems **3.** Why not stay for dinner? **4.** He spends most of his free time travelling **5.** I don't mind helping you **7.** Do you enjoy reading detective stories? **8.** Drinking too much tea or wine can stain your teeth **12.** He denied stealing the car

5 **1.** move/to move **2.** to snow/snowing **3.** bark/barking **4.** to cycle/cycling

6 **1.**a; **2.**b; **3.**b; **4.**c; **5.**c

7 **Horizontales: 1.** greengrocer **2.** hairdresser **3.** grocery **4.** store **5.** butcher **6.** fishmonger **7.** jeweller **8.** tobacconist **Verticales: A.** supermarket **B.** florist **C.** petrol station **D.** launderette **E.** deli **F.** newsagent **G.** baker **H.** chemist

8 **1.** 's (to the baker's) **2.** 's (to the butcher's) **3.** supermarket - department store

9 **1.** basket - carrier - trolley - customers - buy - labels - prices - check-out - cashier **2.** convenient - items - costs - delivered - order - send - refund

10 **1. many** (la **a** se pronuncia [e]) **2. says** (la **ay se pronuncia [e]) 3. heritage** (la **a** se pronuncia [i]) **4. delicate** (la **a** se pronuncia [i] cerrada) **5. marriage** (la **a** se pronuncia [i])

11 **1. head [e]:** breath - sweat - peasant - treasure - ahead - cleanse **2. great [ei]:** steak **3. heart [a]:** hearth **4. read [i]:** breathe - clean - bead **5. fear [ie]:** idea - beard - year **6. wear [ea]:** pear - swear - bear **7. otras:** create [kri - ei - t] + ocean [oushean]

7. Imperativo, elipsis y question tags

1 **1.** Let us go to the restaurant! **2.** Let them be quiet! **3.** Let us not talk about that!

2 **1.** Let's go on holiday together! **2.** Don't give me orders! **3.** Let them arrive on time! **4.** Let's not argue about silly things! **5.** Let him not smoke in the building!

3 **1.**c; **2.**a; **3.**d; **4.**b

4 **1.** No, I didn't **2.** I hope so **3.** Yes, she does **4.** No, he isn't

⑤ **1.** So am I **2.** So have I **3.** Neither did I **4.** So can I **5.** So did I

⑥ **1.** will you / would you? **2.** does she? **3.** didn't he? **4.** shall we? **5.** does she?

⑦ **1.** Germany **2.** Spain **3.** Japan **4.** Turkey **5.** Norway

⑨ **1.**c; **2.**a; **3.**b; **4.**a

⑨ Wales (Gales), Northerm Ireland (Irlanda del Norte), England (Inglaterra), Scotland (Escocia)

⑩ **1.**b y d; **2.**c ; **3.**b y c; **4.**a y c; **5.**c

⑪ **1.** like **2.** as **3.** as **4.** like **5.** like

⑫ **1.** ship **2.** cheat **3.** cheap **4.** chop **5.** chew **6.** patata frita **7.** sábana **8.** oveja **9.** tienda **10.** zapato

8. Sustantivos

① **1.** mice **2.** teeth **3.** geese **4.** studios **5.** women **6.** leaves **7.** ladies **8.** wives **9.** men **10.** potatoes **11.** knives **12.** children **13.** wolves **14.** families **15.** sheep **16.** shelves

② Las siguientes frases eran incorrectas (aquí están corregidas): **1.** I had **a piece of fruit** **2.** My **pants are** too large **3.** Her favourite class is economi**cs** **5.** The **toast is** delicious **7.** He showed **Ø** remarkable honesty **8.** I had **three pieces of chewing-gum** **11.** My **luggage is** heavy

③ **1.**c; **2.**e; **3.**a; **4.**b; **5.**d

④ **1.**c; **2.**a

⑤ **A/** **1.** hair **2.** forehead **3.** eye **4.** ear **5.** cheek **6.** nose **7.** mouth **8.** chin **9.** throat **10.** neck

B/ **1.** head **2.** shoulder **3.** chest **4.** arm **5.** belly **6.**hand **7.** fingers **8.** knee **9.** leg **10.** foot

⑥ nurse - cough - fever - cold - tablet - physician - sick - prescription - flu - health

⑦ **1.**b; **2.**c; **3.**d; **4.**b; **5.**d

⑧ **1.**a; **2.**c; **3.**a; **4.**b; **5.**a

⑨ (inglés-americano): autumn-**fall**; lorry-**truck**; **flat**-apartment; biscuits-**cookies**; underground-**subway**; **holiday**-vacation; taxi-**cab**

⑩ **1.** store **2.** sweater **3.** soccer **4.** dumb **5.** angry

⑪ **1.**a; **2.**c; **3.**e; **4.**b; **5.**d

⑫ **1. wood** (la **oo** se pronuncia [u]) **2. laugh** (la **au** se pronuncia [a]) **3. favour** (la **ou** se pronuncia [e] cerrada) **4. flour** (¡esta palabra se pronuncia como flower!)

⑬ awful - sought - born - wolf

⑭ **1. hour** (la **ou** se pronuncia [au]) **2. bubble** (la **u** se pronuncia [a] cerrada) **3. toe** (la **oe** se pronuncia [ou], como en nose) **4. flood** (la **oo** se prouncia [a] cerrada)

⑮ rude - juice - soon - sue - drew

⑯ **1.** verdadero **2.** falso (put rima con fruit: la letra **u** en cut se pronuncia [a cerrada] como en duck, y no [u]) **3.** verdadero **4.** verdadero

9. Artículos

① **1.**a; **2.** Ø; **3.**a; **4.** the; **5.**a

② **1.** Ø; **2.** Ø; **3.** the; **4.** the

③ **1.** What **a** beautiful house **2.** has **a** fever / he cried all **Ø** night **3. Ø** Religion can be **4.** in room **Ø** 35 **5.** I love **Ø** milk chocolate

④ **1.** the **2.** Ø **3.** Ø **4.** Ø - the **5.** Ø

⑤ **1.**c; **2.**a y d; **3.**a

⑥ **1.**e; **2.**d; **3.**a; **4.**c; **5.**b

⑦ **1.** way **2.** fish **3.** tea **4.** camel **5.** bush

⑧ **1.** red **2.** boys **3.** perfect **4.** pie

⑨ **1.**a; **2.**c; **3.**b; **4.**c; **5.**b

⑩ **1.**d; **2.**e; **3.**b; **4.**c; **5.**a

⑪ **1.** travel - train - plane - passport - ticket - airport - departure - luggage - check - flight **2.** hotel - travel agency - package - camping - sightseeing - museums - castles - monuments - rent - bike - foot - guide - map - postcards - guesthouse

⑫ **1. door** (la **oo** se pronuncia [o] y no [u]) **2. blood** (la **oo** se pronuncia [a] cerrada y no [u]) **3. floor** (la **oo** se pronuncia [o] y no [u])

⑬ **1. thousand [ao]:** account - south - announce **2. four [o]:** pour - your - course - brought **3. group [ou]:** soup - you - tourist **4. enough [a] cerrada:** trouble - couple - country - courage - young **5. journey [e] cerrada:** enormous - journal

⑭ **1.** verdadero **2.** verdadero **3.** falso (se pronuncia [o] larga en resource)

10. Cuantificadores

① **1.** ~~any~~: some **3.** ~~some~~: any **6.** ~~some~~: any **7.** ~~a little peanuts~~: a few **9.** ~~too much~~: too many **10.** ~~a lots of~~: a lot of

② **1.** a little **2.** many **3.** some **4.** any

③ **1.** enough **2.** a few **3.** all **4.** too much **5.** no

④ **1.** We don't have **enough** time **2.** Would you like **another** beer? **3.** Don't believe **all** the things she says **4.** I like **both** cars

⑤ **1.** either - or - both **2.** several - many **3.** the whole - half **4.** every **5.** plenty of

⑥ **1. a.** thirty **b.** thirteen; **2. a.** one hundred b. one thousand; **3.b**; **4.d**; **5.b**; **6.b**; **7.a (no se añade la s** a thousand / hundred después de un número); **8.a**; **9.a**

⑦ **1.** the 1st , the first **2.** the 2nd, the second **3.** the 3rd, the third **4.** the 12th, the twelfth **5.** the 18th, the eighteenth

⑧ **1.**b; **2.**a; **3.**d; **4.**b; **5.**b; **6.**b

⑨ **1.** half **2.** third **3.** quarter **4.** tenth **5.**b y c

10 **1.** 1 - 060 - 890 - 7053 **2.** bluehairedjohn@gmail.com **3.** o two - double o - double two - nine six - o nine **4.** C T boy, at hotmail dot com

11 **1.** once **2.** twice **3.** three times **4.** five times **5.** twenty times

12 **1. [u]:** bull - full **2. [a] cerrada:** luck - summer - sun - nut **3. [iu]:** universal - university - unique **4. [e] cerrada:** bonus - virus **5. [e] cerrada:** occur - urge - urban - fi gure **6. [iu]:** immature - cure - jury - secure **7.** bury (¡se pronuncia como berry!)

13 biscuit - build - buy - guess - guardian

11. Comparativo y superlativo

1 **1.** more careful **2.** less spectacular than **3.** older than **4.** as serious as **5.** less dangerous

2 **1.** bigger and bigger **2.** less and less motivated **3.** more and more tired **4.** better and better

3 **1.** worst **2.** least successful **3.** richest **4.** most mysterious **5.** happiest

4 **1.** He is the least ambitious man I know **2.** I wake up earlier and earlier **3.** This is the most dangerous snake in the world **4.** Sparkling wine is not as refined as champagne

5 **1.** once in a blue moon **2.** as blind as a bat **3.** let the cat out of the bag **4.** six feet under

6 **1.** funny **2.** proud **3.** handsome **4.** beautiful **5.** cheerful **6.** angry

7 sorry - selfish - boring - lazy - generous

8 **1.** shy **2.** lonely **3.** quiet **4.** kind **5.** rude **6.** talkative

9 **1.**c; **2.**b; **3.**a; **4.**c; **5.**b; **6.**c

10 **1.** forgive **2.** wait **3.** need **4.** hope **5.** believe **6.** understand **7.** agree

11 **1.** trust **2.** wonder **3.** forget **4.** show

12 **1.** case **2.** desert **3.** measure

13 **1.** fatalism (la **s** se pronunce [ss] mientras que se pronuncia [s] en las otras palabras); **2.**a

14 **1.** to think - hundir **2.** although **3.** with - con **4.** (to) sing - cantar **5.** sick - enfermo **6.** both - jefe **7.** cierre

12. Pronombres personales y reflexivos

1 **1.** we **2.** her **3.** her **4.** hers **5.** them **6.** your **7.** us **8.** it **9.** mine

2 **1.** Ø **2.** Ø **3.** to get dressed **4.** feel **5.** relax **6.** Ø

3 **1.** himself **2.** one another **3.** each other **4.** herself **5.** yourself

4 **1.**d; **2.**a; **3.**e; **4.**f; **5.**c; **6.**g; **7.**b

5 **Días:** Monday - Tuesday - Wednesday - Thursday - Friday - Saturday - Sunday **Meses:** January - February - March - April - May - June - July - August - September - October - November - December

6 **1.** on Monday **2.** on Mondays **3.** from - to y until **4.** on - of - in **5.**a

7 **1.** in **2.** in **3.** on the 25 th of September **4.** on the 12th of March, in 2015

8 **1.** am, pm; **2.d**; **3.a:** fourty-five past six (am) O a quarter to seven (uso mucho más natural); **b:** one o'clock (pm); **c:** half past eleven (pm); **d.c**; **e.b**

9 **H sonora:** hospital, hit, hill, hero, hate, hilarious, hair, house, behind **H muda:** hour, honour, heir, honesty, Thailand, shepherd, thyme

10 **1.** angry **2.** hungry **3.** wall **4.** ill **5.** arm - harm **6.** air - hair

13. Expresión de la posesión y de los nombres compuestos

1 **1.** Mr Jones's car **2.** the wife of the man we met yesterday **3.** the end of the film **4.** Helena's husband **5.** dog's ears **6.** the Johnsons' new house

2 **Derivados de box: 1.** breadbox **2.** money box **3.** icebox **4.** mail box **5.** toolbox **Derivados de bag: 1.** schoolbag **2.** shopping bag **3.** sleeping bag **4.** handbag **5.** tea bag

3 **1.** washing machine **2.** painkiller **3.** windbreaker **4.** floorcloth / floor-cloth **5.** toothpaste

4 **1.** dishwasher **2.** butterfly **3.** lipstick **4.** seafood **5.** raincoat **6.** watermelon

5 **1.** said **2.** tell **3.** say **4.** tell **5.** tell - said

6 **1.** talk **2.** speak **3.** talked **4.** speak **5.** speak

7 **1.**c; **2.**e; **3.**b; **4.**f; **5.**a; **6.**d

8 **1.** lamb - climb - plumber - comb - doubt - crumb **2.**a **3.** calf - almond - talk - half - calm - palm - walk - could - salmon **4.** listen - castle - soften - mortgage **5.** todas comienzan por el grupo de letras **kn**, en el cual la **k** no se pronuncia

9 **1.** la letra **g 2.** la letra **e** en **er 3.** la letra **p**

10 ans(w)er - autum(n) - fa(r)m - dou(b)t - i(s)land - le(o)pard - gran(d)mother

14. Pronombres relativos e interrogativos

1 **1.** which **2.** when **3.** that **4.** who **5.** whose **6.** which o that - what **7.** where

2 **1.** how long **2.** how often **3.** when y how soon **4.** which **5.** who

3 **1.** Whose laptop is this? **2.** When do you take your exam? **3.** Where did you go for the holidays?

4. Why are you not coming? **5.** How many children do they have? **6.** How far is the station from here? **7.** How much is this?

4 **1.** to end **2.** cheap **3.** safe **4.** early **5.** full **6.** to fail **7.** last **8.** to remember **9.** friend

5 **1.**e; **2.**a; **3.**g; **4.**b; **5.**d; **6.**f; **7.**c

6 **1.** sad **2.** take **3.** old **4.** lend **5.** far **6.** bitter **7.** dirty **8.** hope **9.** win **10.** slim

7 **1.** job **2.** company **3.** unemployed - factory **4.** earn - wages **5.** trade union **6.** retired

8 **1.** policeman **2.** fireman **3.** postman **4.** salesman **5.** fisherman

9 **1.** executive - cook - worker - lawyer - hairdresser - waiter **2.** mechanic - secretary - butcher - farmer - nurse - nanny - teacher - baker - vet - plumber

10 **1.**b; **2.**e; **3.**d; **4.**c; **5.**a

11 ~~Deer~~ **Dear** / ~~weak~~ **week** / ~~bought~~ **boat** / ~~fare~~ **fair** / ~~road~~ **rode** / ~~board~~ **bored** / ~~meet~~ **meat** / ~~leak~~ **leek** / ~~pees~~ **peas** / ~~pairs~~ **pears**

12 **1.** a new ~~pear~~ **pair** of shoes **2.** a ~~leek~~ **leak** under my sink **3.** I need to ~~pea~~ **pee**! **4.** I can't ~~sea~~ **see** a thing **5.** I ~~boat~~ **bought** a new computer **6.** in the middle of the ~~rode~~ **road** **7.** We often ~~meat~~ **meet** **8.** I still feel very ~~week~~ **weak**

15. Prefijos y sufijos

1 **1.** unreal **2.** to disagree **3.** underestimated **4.** overconfident **5.** to mispronounce

2 **1.** boring **2.** homeless **3.** sadness **4.** childhood **5.** slowly **6.** washable

3 **1.** overconfident **2.** endless **3.** distrust **4.** happiness **5.** freedom

4 **1.**e; **2.**c; **3.**d; **4.**a; **5.**b

5 **1.** unpleasant / unpleasantly **2.** conditional / unconditional **3.** successful / unsuccessful / unsuccessfully **4.** expected / unexpected / unexpectedly

6 **1.**b; **2.**a; **3.**b; **4.**b; **5.**c; **6.**b; **7.**a

7 **1.** away from keyboard - AFK **2.** laughing out loud - LOL **3.** talk to you later - TTYL **4.** be right back - BRB **5.** in my opinion - IMO

8 **1.** watch **2.** see **3.** look **4.** watch **5.** look at

9 **1.** piece **2.** waste **3.** scene **4.** flour **5.** full

10 buy-bye; thyme-time; which-witch; pool-pull; war-wore; knows-nose; their-there; cereal-serial; wood-would; collar-colour; urn-earn; flu-flew; right-write; jeans-genes; missed-mist; allowed-aloud; wait-weight

16. Adjetivos

1 **1.** an ugly red plastic phone **2.** a horrible old blue cotton sweater **3.** a nice tall German lady **4.** an exciting long Canadian novel

2 **1.**a; **2.**a; **3.**b y c; **4.**b, c y d; **5.**a, b y d

3 Hay que corregir: ~~a passionate man about cars~~ **a man passionate about cars** / ~~ancients cars~~ **ancient cars** / ~~racing, orange, new, wonderful car~~ **wonderful, new, orange, racing car** / ~~italian car~~ **Italian car** / ~~available colour~~ **colour available** / ~~spanish~~ **Spanish** / ~~catholic~~ **Catholic** / ~~a driver fast~~ **a fast driver**. Observa que se puede decir «a sport car» o «a sports car», por tanto aquí no hay ningún error.

4 **1.**a; **2.**b; **3.**c; **4.**b; **5.**a

5 **1.**d; **2.**e; **3.**c; **4.**b; **5.**a

6 **1.**c; **2.**a; **3.**d; **4.**b; **5.**e

7 **1.** homemade **2.** green-eyed **3.** sweet-smelling **4.** fourteen-year-old

8 **1.** **verano**-summer; **invierno**-winter; **cielo**-sky; **luna**-moon; **estrella**-star; **mar**-sea **2.** **ola**-wave; **playa**-beach; **campo**-country; **hierba**-grass; **isla**-island; **lago**-lake **3.** **hoja**-leaf; **montaña**-mountain; **árbol**-tree; **flor**-flower; **madera**-wood; **primavera**-spring

9 **1.** weather **2.** rain **3.** cloud **4.** sun **5.** snow **6.** wind **7.** fog **8.** hot **9.** cold

10 **1.**b; **2.**b; **3.**a; **4.**a y b

11 **1.** dog **2.** cat **3.** horse **4.** donkey **5.** rabbit **6.** sheep **7.** pig **8.** cow **9.** goat **10.** duck **11.** monkey **12.** mouse **13.** bird **14.** fish

12 **1.** seat y eat **2.** wet - I'm covered in sweat / How sweet of you! **3.** about **4.** foot - Don't shout like that! / I have never tried shooting a gun **5.** heard **6.** feared - Peter has grown a beard / The children wanted a bird **7.** dear **8.** swear - Winnie the Pooh is a cartoon bear / Guinness is a brand of beer

13 **1.** aunt **2.** officer **3.** was **4.** dough y Doug **5.** virus **6.** el nombre español Moisés **7.** bed **8.** ¡los tres!

17. Adverbios

1 **1.** lovely **2.** silly **3.** friendly **4.** lively **5.** lonely **6.** needy **7.** costly **8.** cowardly

2 **1.** I rarely go to the cinema **2.** Do you often go shopping? **3.** Have you ever been to Japan? **4.** I didn't understand the lesson well **5.** They watch the news daily **6.** She always has a sandwich for lunch

3 **1.** He regularly runs after work **2.** I usually go to work on foot **3.** He will probably win the race **4.** She doesn't like tea much **5.** I sincerely hope to see you soon **6.** Perhaps you should drive more carefully

4 **1.** I always go on beach holidays **2.** Paul politely turned down the invitation **3.** They often go out **4.** Frankly, I don't think he will win **5.** He is not entirely wrong **6.** Do you sometimes go to the opera?

5 **1.**d; **2.**f; **3.**c; **4.**e; **5.**a; **6.**b

6 **1.** then **2.** whereas **3.** so **4.** because of **5.** Unless

7 **1.**d; **2.**a; **3.**c; **4.**b; **5.**c

8 **1.** I **no longer** smoke. I **finally** stopped last year. **2.** She's studied psychology and criminology **as well** **3.** I love this house, **however,** I don't have enough money to buy it. **4.** I phoned her but she wasn't home, **so** I left a message.

9 **1.** July **2.** ago **3.** career **4.** taboo **5.** Chinese

10 **1.** virus **2.** basket **3.** insect **4.** apple **5.** flavour

18. Preposiciones

① **1.** on; **2.** out; **3.** at - to; **4.** from ... to; **5.** from

② **1.** from **2.** by **3.** around **4.** over **5.** out **6.** through **7.** in

③ **1.** on **2.** Ø **3.** for **4.** to **5.** in **6.** Ø **7.** of

④ **1.** of **2.** at **3.** in **4.** from **5.** for

⑤ **1.**c; **2.**b; **3.**a; **4.**e; **5.**d

⑥ **1.**a; **2.**e; **3.**d; **4.**c; **5.**b

⑦ **1.** underground **2.** traffic **3.** crossroads **4.** car-park **5.** suburb **6.** traffic jam

⑧ 2 - 4 - 5 - 1 - 3

⑨ **1.**i; **2.**h; **3.**g; **4.**k; **5.**a; **6.**b; **7.**l; **8.**m; **9.**j; **10.**d; **11.**n; **12.**c; **13.**f; **14.**e

⑩ **1.** to answer **2.** to comfort **3.** to differ **4.** to enter **5.** to suffer **6.** to offer **7.** to copy **8.** to envy **9.** to open **10.** to publish

⑪ **1.** to finish (es la única acentuada en la 1.ª sílaba: **'fini**-sh) **2.** to borrow (es la única acentuada en la 1.ª sílaba: **'bor**row) **3.** (es la única acentuada en la 2.ª sílaba: o'**ppose**) **4.** to cover (es la única acentuada en la 1.ª sílaba: **'co**ver) **5.** to listen (es la única acentuada en la 1.ª sílaba: **'lis**ten)

⑫ **1.** He likes to pro**'test** **2.** What is this **'o**bject ? **3.** We im**'po**rt from India **4.** He is a **'re**bel **5.** I collect **'re**cords

19. Verbos con partícula (phrasal verbs)

① Frases con verbo seguido de preposición: 2-3-5-8-11. Frases con verbo con partícula: 1-4-6-7-9-10-12

② **1.**f; **2.**a; **3.**e; **4.**d; **5.**b; **6.**c

③ **1.** up **2.** down on **3.** up to **4.** for **5.** out

④ **1.** burst out **2.** climb up - fall down **3.** keep off **4.** take off **5.** make up

⑤ **1.** to choose **2.** to reject **3.** to die **4.** to discover **5.** to suppress **6.** to tolerate **7.** to like **8.** to explode **9.** to become happier **10.** to speak louder

⑥ **1.** hungry - thirsty **2.** meals - breakfast - lunch **3.** rare - well-done **4.** starter - main-course - dressing **5.** tip

⑦ **1.** salt **2.** bread **3.** pasta **4.** pepper **5.** rice **6.** lamb **7.** ham **8.** beef **9.** shrimp **10.** milk **11.** butter **12.** coffee **13.** water **14.** juice **15.** wine **16.** beer **17.** mustard

⑧ Respuesta c

⑨ **1.** spinach **2.** apple **3.** cabbage **4.** tomato **5.** lettuce **6.** plum **7.** lemon **8.** cherry **9.** leek / **A.** pepper **B.** peas **C.** pear **D.** cucumber **E.** grapes

⑩ **1.** grapefruit (pomelo, única fruta entre hortalizas) **2.** pineapple (piña, única fruta entre hortalizas) **3.** lettuce (lechuga, única hortaliza entre frutas) **4.** artichoke (alcachofa, única hortaliza entre frutas)

⑪ Palabras correctamente acentuadas: **1.** ¡ninguna! **2.** mentalist **3.** insulting, pleasantly **4.** invented **5.** partnership

⑫ **1.** a**ma**zing, **o**ffered, un**ha**ppiness, **tea**cher **2.** **cer**tainly, **hu**manism, **fi**reman, **rea**dable **3.** **e**legantly, **won**derful, **ans**wering, re**la**tionship **4.** car**too**nist, **chan**geable, **an**xiousness, **wor**rying **5.** **car**efully, **na**turalist, **nour**ishment, **num**bered **6.** **ha**ppily, de**ligh**ted, co**rrect**ly, **friend**ship **7.** **pain**ter, con**tras**ting, **wash**able, **fair**ness **8.** **in**teresting, **mea**ningful, **ye**llowish, **ha**ppened

20. Voz pasiva

① **1.** found **2.** sent **3.** been **4.** sung **5.** cut **6.** told **7.** forgotten **8.** hit **9.** cooked **10.** let **11.** written **12.** stolen **13.** thought **14.** lost **15.** gone

② **1.** *Harry Potter* was written by J.K. Rowling **2.** This car has been designed by Sam's father

③ **1.** He can't be trusted **2.** He was given a mobile **3.** The bill has been paid (for) **4.** I was asked to deliver a speech **5.** Spanish is spoken here

④ **1.** we were given a room with a view **2.** he is said to be a selfish man **3.** the problem will be dealt with by the mechanic

⑤ **1.** tea is drunk all over the world **2.** people to be contacted in case of an emergency **3.** I was told that Peter was seriously ill **4.** he was offered a very interesting job in Japan

⑥ **1.** the children will be taken care of **2.** a solution was looked for **3.** this scandal was talked about for years

⑦ **1.**d; **2.**c; **3.**a; **4.**e; **5.**b

⑧ **1.** deal **2.** odd **3.** maybe **4.** ready **5.** shut **6.** able **7.** present **8.** missing

⑨ **1.** famous **2.** exhausted **3.** wonderful **4.** huge **5.** mistake **6.** glad **7.** afraid **8.** prison

⑩ **1.** selfish **2.** clever **3.** shy **4.** unusual

⑪ **1.** tiny **2.** cross **3.** kind

⑫ **1.** window **2.** wall **3.** door **4.** armchair **5.** cellar **6.** roof **7.** stairs **8.** cupboard **9.** bed **10.** chair **11.** sofa **12.** kitchen **13.** bathroom **14.** flat

⑬ **1.** verdadero **2.** falso (e'**le**ven) **3.** falso (um'**bre**lla) **4.** falso (No'**vem**ber) **5.** verdadero **6.** verdadero **7.** verdadero

⑭ **1.** **'fa**mily, **'a**pricot, po'**ta**to, re'**mem**ber, **'o**rigin
2. ge'**ne**tics, a'**ller**gic, **'com**pany, auto'**ma**tic
3. **'con**sequence, **'hos**pital, scien'**ti**fic, **'vi**negar
4. **'con**tinent, ca'**the**dral, **'po**litics, **'Ca**tholic, ho'**ri**zon

⑮ Estas son las opciones falsas, corregidas: **3.** (i'**dea**lise), **4.** (de'**li**rious), **5.** (techno'**lo**gical)

⑯ **1.** bi'**o**graphy, **'ca**tegory, de'**ro**gatory, co'**mmu**nicate **2.** de'**li**cious, im'**po**ssible, psy'**cho**logy, **'ne**cessary **3.** am'**bi**tious, hi'**la**rious, tech'**no**logy, ma'**jo**rity **4.** **'a**nalyse, communi'**ca**tion, im'**pa**tient, perso'**na**lity

RESULTADOS DE TU AUTOEVALUACIÓN

¡Bravo, has llegado al final del cuaderno! Ahora es el momento de analizar tus competencias y contabilizar los iconos para proceder a la evaluación final. Apunta el subtotal de cada capítulo en las casillas de aquí abajo para sumarlas y obtener el número final de iconos de cada color. Después, ¡descubre los resultados!

Capítulo			
1. Present			
2. Present perfect			
3. Past simple			
4. Future			
5. Verbos modales			
6. ¿Verbos to, ing o Ø?			
7. Imperativo, elipsis y question tags			
8. Sustantivos			
9. Artículos			
10. Cuantificadores			
11. Comparativo y superlativo			
12. Pronombres personales y reflexivos			
13. Expresión de la posesión y de los nombres compuestos			
14. Pronombres relativos e interrogativos			
15. Prefijos y sufijos			
16. Adjetivos			
17. Adverbios			
18. Preposiciones			
19. Verbos con partícula (phrasal verbs)			
20. Voz pasiva			
Total de todos los capítulos			

Has conseguido mayoría de...

Congratulations! Dominas las bases del inglés, ¡estás listo para pasar al nivel 2!

Not bad at all! Pero todavía puedes progresar... Vuelve a hacer los ejercicios que te han dado problema, pero antes ¡echa un ojo a las lecciones!

Try again! Estás un poco oxidado... Repite todo el trabajo del cuaderno leyendo bien las lecciones antes de hacer los ejercicios.

Créditos: Ilustraciones / © MS.
Diseño: MediaSarbacane
Maquetación: Violeta Cabal

Depósito legal: Abril 2015
N.° de edición: 4387
ISBN: 978-2-7005-8171-3
www.assimil.com
Impreso por Master Print en Rumania